Charmaine Liebertz

Spiele zur Herzensbildung

Hrsg. von der Gesellschaft für
ganzheitliches Lernen e. V.

Burckhardt**H**aus-**L**aetare

Charmaine Liebertz

Spiele zur Herzensbildung

Emotionale Intelligenz und soziales Lernen

Hrsg. von der Gesellschaft für ganzheitliches Lernen e. V.

© 2014 by Burckhardthaus-Laetare, Körner Medien UG, München

Alle Rechte, auch die des auszugsweisen Nachdrucks, der fotomechanischen Wiedergabe sowie der Übernahme auf Ton- und Bildträger, vorbehalten. Ausgenommen sind fotomechanische Auszüge für eigenen wissenschaftlichen Bedarf.

Umschlaggestaltung: Patricia Fuchs, AVR, München
Titelfoto: Goodshoot/Thinkstock
Illustrationen: Felix Weinold
Satz und Layout: Sigrun Borstelmann, München
Druck und Verarbeitung: Publikum, Belgrad

www.burckhardthaus-laetare.de

ISBN 978-3-944548-17-3

Inhalt

Einleitung 8

Eigene Emotionen kennenlernen 11
  1. Das muntere Gesicht 13
  2. Tanz der Gefühle 14
  3. Gemeinsam sind wir stark! 15
  4. Frau Gräfin, die Pferde sind gesattelt! 16
  5. Augen auf! 16
  6. Das sinnliche Gesicht 17
  7. Das Gefühle-Puzzle 18
  8. Maskenball 19
  9. Gefühle gestalten 20
  10. Ach wie gut, dass niemand weiß, wie mein
     Gefühl heißt! 21
  11. Wenn, dann! 22

Eigene Emotionen handhaben 23
  12. Achtung, Ampel! 26
  13. Dampf ablassen! 26
  14. Hexe, Hexe, was kochst du heute? 27
  15. Ring frei für das Po-Duell! 28
  16. Das Wasser kocht! 29
  17. Die Trostschaukel 30
  18. Du eckige Olive! 30
  19. Die Waschmaschine Clementine 31
  20. Schalt mich ein, schalt mich aus, die Gefühle
     müssen raus! 32
  21. Ein Einbaum geht auf Reisen 33
  22. Mein Hut 34

Eigene Emotionen in die Tat umsetzen ... 35
23. Mein Entwicklungskoffer ... 37
24. Die Lernbörse ... 38
25. Sesam, öffne dich! ... 38
26. Die Glückstauscher ... 40
27. Lasst uns alle! ... 41
28. Mein Freund, der Baum ... 42
29. Wenn Optimisten fallen ... 43
30. Der Ehrenball ... 44
31. Der Kopierer ... 44
32. Kleine Feder, weck mich! ... 45
33. Dialog der Gefühle ... 46

Empathie entwickeln ... 47
34. Sag an, wie fühlst du dich? ... 49
35. Die blinde Fee ... 49
36. Mein Schätzchen ... 50
37. Kevin allein zu Haus ... 51
38. Die Zwillingstürme ... 51
39. Ich spüre dich! ... 52
40. Kleiner Dino, komm heraus! ... 53
41. Wenn zwei bis drei zählen! ... 54
42. Auf dem Planeten der Magneten ... 54
43. Blindenführung ... 55
44. Die drei Seiten ... 56
45. Augen können nicht lügen! ... 57

Soziale Kompetenz erwerben ... 59
46. Das Gewitter ... 62
47. Der Kummerkasten ... 63
48. Mühle mit Menschen ... 63
49. Blinde Architekten ... 64
50. Die Eisprinzen ... 65
51. Expedition zum Nordpol ... 66

52. Teamball 67
53. Die Orgelpfeifen 68
54. Stumme Bildhauer 69
55. Knack die Nuss! 69
56. Der Brückenlauf 70
57. Im Nebel 71

Fortbildungstipp: Spieletag zur Herzensbildung 72

Spiele-Register 74

Einleitung

„Nur wer die Herzen bewegt, bewegt die Welt!"
Ernst Wiechert

Jedes Kind bringt bei der Geburt sein unverwechselbares Temperament als emotionale Anlage mit auf die Welt; es ist das Startpaket für seine lange *emotionale Karriere*.
Schritt für Schritt entwickelt das Kind die Vielfalt seiner emotionalen Fähigkeiten im alltäglichen Umgang mit seinen Eltern, seinen Geschwistern und den vielen Menschen aus seiner Umwelt, und zwar von frühester Kindheit an bis ins hohe Alter. Der emotionale Typus eines Kindes ist also angeboren; die Reifung zu einer emotional intelligenten Persönlichkeit jedoch ist sozial erworben. Erst aufgrund dieser einmaligen Mischung von Anlage und Umwelt entwickelt sich unsere *Gefühlszentrale*, das limbische System: von den überlebenswichtigen Basisfunktionen hin zu den höher entwickelten Fähigkeiten, die für unser komplexes soziales Miteinander erforderlich sind.

Da die meisten unserer emotionalen Reaktionen sozial vermittelt und somit individuell sind, gibt es für Eltern und Pädagogen viel zu tun. Denn wir alle müssen von klein auf lernen, unsere angeborenen Gefühle zu steuern, auf diejenigen unserer Mitmenschen zu reagieren und die Wertvorstellungen unserer Kultur zu respektieren. Gefühle bilden sozusagen die Gleise für den Zug des Lebens. Wenn sie in der Kindheit breit und stabil angelegt werden, dann ist ein Entgleisen sehr unwahrscheinlich.

Unsere Kinder brauchen im unsteten Fluss der gesellschaftlichen Veränderungen verlässliche Geländer. Wer glaubt, ein großes Wissensrepertoire allein reiche aus, um ihnen diese Sicherheit zu geben, der übersieht, dass zur Bildung im 21. Jahrhundert vor allem eine Schlüsselqualifikation gehört: emotionale Intelligenz. Ist diese gut ausgeprägt, so geht damit eine positive schulische Entwicklung einher. Umgekehrt bedeutet eine geringe emotionale Kompetenz jedoch einen Risikofaktor

ür die Schul- und Berufskarriere. Gefühle wirken demnach als Motor der geistigen Entwicklung eines Kindes.
Jeder Mensch meistert kritische Augenblicke, schwierige Phasen, gefährliche Versuchungen, dauerhafte Belastungen und ungünstige Lebensbedingungen umso besser, je ausgeprägter seine emotionale Intelligenz ist. Er vermag seine eigenen Gefühle und Reaktionen – ebenso wie die anderer – in verschiedenen Situationen einzuschätzen, zu handhaben und zu bewerten.

Die Hirnforschung lehrt uns heute, dass Vernunft und Verstand eingebettet sind in die emotionale Struktur des Menschen. Emotionale Reize wirken auf nahezu alle Bereiche der Großhirnrinde, die unsere Wahrnehmung und komplexen Denkabläufe steuert. Das limbische System bewertet und wägt alles, was wir tun, mit unserem emotionalen Erfahrungsschatz ab. Gedanken und Gefühle sind also im neuronalen Netzwerk eng miteinander verknüpft; sie funktionieren als ganzheitliche Einheit.

Wer in seiner Kindheit und Jugend gelernt hat, mit seinen Gefühlen und denen seiner Mitmenschen umzugehen, der vermag sein geistiges Potenzial voll auszuschöpfen, ohne zum Spielball seiner Emotionen zu werden. Kinder und Jugendliche mit hoher emotionaler Intelligenz verfügen über ein stabiles Selbstwertgefühl, über Problemlösungsstrategien, über ein inneres Krisenmanagement, und vor allem kennen sie Alternativen zu Gewalt und Drogen, um sich selbst zu spüren.

Eines ist jedoch besorgniserregend: Immer mehr Kinder beziehen ihre Identität aus der Interaktion mit zahlreichen Medien. Fernab vom realen Leben stattet sie die virtuelle Welt mit der ersehnten Omnipotenz aus und schenkt ihnen Beachtung. In dieser – z. B. in Chatrooms oder Spielen erworbenen – künstlichen Identität verbringen sie oftmals mehr Zeit als in ihrer realen. Im Wettkampf mit den *virtuellen Erziehungsagenten,* wie Fernsehen oder Computer, müssen wir Pädagogen mehr denn je den Respekt vor der Würde des Menschen, seine Fähigkeit zum Mitleid und seine emotionale Spannbreite im sozialen Miteinander fördern. Wir können uns nicht länger allein hinter den Strategien der Wissensvermittlung verschanzen und in Sachen Herzensbildung ein *Ungenügend* abliefern, während die Kinder orientierungslos nach starken Vorbildern suchen.

Das vielfältige Orchester der Gefühle braucht einen Dirigenten! Eine unserer wichtigsten Erziehungsaufgaben ist es, das Kind im Laufe seiner emotionalen Entwicklung zu einem kompetenten *Dirigenten* heranzubilden. Wir Eltern, Erzieher und Lehrer neigen oft dazu, dieses emotionale Wachstum als selbstverständlich, jede kleinste, neue Bewegung oder Wortschöpfung dagegen als Meilenstein in der kindlichen Entwicklung anzusehen.

Die folgenden fünf Bausteine der emotionalen Intelligenz (vgl. Daniel Goleman, Emotionale Intelligenz, München 2000), in die das Buch gegliedert ist, werden Ihnen, liebe Leserinnen und Leser, verdeutlichen, dass das *emotionale Einmaleins* viel komplexer ist als das mathematische! Aber keine Sorge: Die hier versammelten Spiele und Übungen benötigen nur wenig Zeit und keine aufwendigen Materialien, um wertvolle Spuren im emotionalen Gehirn des Kindes zu hinterlassen. Sie sind im Alltag leicht umsetzbar und fördern effektiv die emotionale Selbstwahrnehmung und -steuerung, die Eigenmotivation, die Empathie sowie die soziale Kompetenz des Kindes.

Ich wünsche Ihnen und vor allem den Kindern viel Freude beim gefühlvollen Spielen!

Charmaine Liebertz
Institutsleiterin der Gesellschaft
für ganzheitliches Lernen e. V.

Eigene Emotionen kennenlernen

Die *Eintrittskarte* in eine optimale emotionale Entwicklung ist ein einfühlsames Elternhaus. Hier beginnt – schon in den ersten Lebensmonaten – die Suche des Kindes nach emotionalem Einklang mit sich und seinen Bezugspersonen. Zu keinem Zeitpunkt des Lebens werden wir von unseren Gefühlen so stark bestimmt wie in der frühen Kindheit.

In wenigen Minuten kann ein Säugling vom Quengeln über lautes Schreien zum quietschenden Lachen wechseln. Um dieses große Stimmungsrepertoire optimal meistern zu können, muss das Kind zunächst lernen, seine eigenen Emotionen zu erkennen, sie zu akzeptieren und ihre Wirkung auf andere Menschen zu verstehen. So gelangt es zum psychologischen Verständnis seiner selbst. Erst, wenn es seine eigenen Gefühle erkennt und sie einzuschätzen vermag, ist es ihnen nicht mehr hilflos ausgeliefert. Diese Kompetenz zur Selbstwahrnehmung entwickelt sich zu Beginn erst allmählich, nimmt dann aber hoffentlich ein Leben lang zu.

Schon kurz nach der Geburt sucht das Kind viele Kontakte und Wege der Kommunikation. Es fixiert zunächst einmal die Augen der Mutter. Zwischen dem zweiten und dritten Lebensmonat lächelt es Personen und auch Gegenstände an. Mit drei bis vier Monaten beginnt es dann, sich situationsgebunden zu verhalten. Es folgt z. B. der Blickrichtung der Bezugsperson. Das heißt, es beginnt zu verstehen, dass andere Personen eigene Wahrnehmungen, Gedanken und Intentionen haben. In dieser Phase lernt es auch, menschliche Bewegungen, wie z. B. Zeigen und Greifen, von künstlichen Bewegungen zu unterscheiden.

Von nun an nimmt das Kind seine eigene Handlung als eine unter vielen möglichen Handlungsoptionen wahr. Es beginnt, Handlungspläne auszuprobieren und die eigene Reichweite in der Umgebung zu erkunden. Alle Eltern kennen diese Phase, in der sie sich ständig bücken müssen. Denn jetzt hat das Kind große Freude daran, Dinge hinunterzuwerfen, um zu beobachten, ob überhaupt und wann sie jemand wieder aufhebt.

Das Kennenlernen der eigenen Gefühle geht einher mit dem Kennenlernen der eigenen Körperteile, des Körperausdrucks, des Muskeltonus, des Erlebens von Bewegung und Entspannung. Kinder brauchen daher viele Kuschel- und Schmuseeinheiten, sie wollen auf dem Schoß sitzend gestreichelt, gedrückt und geküsst werden, sie wollen sich und den anderen beim Toben und Balgen spüren.

Das erwachende emotionale Selbstbewusstsein des Kindes hängt eng mit seiner Sprachentwicklung zusammen. In der Mitte des zweiten Lebensjahres nimmt der Wortschatz sprunghaft zu. Nun lernt das Kind erstmals, seine Gefühle auch auszusprechen und erfährt dabei, dass Worte nicht nur Dinge bezeichnen, sondern auch Gefühle bei Menschen auslösen können. Schließlich formuliert es am Ende des zweiten Lebensjahres die für seine Ich-Entwicklung so entscheidenden Worte „ich" und „mein", „du" und „dein".
Die simple Feststellung: „Ich bin Lisa, du bist Felix" markiert den Beginn eines Rollenverständnisses mit wechselseitigem Einfühlungsvermögen. „Das ist meins!", tönt es lauthals aus dem Sandkasten, wenn das Liebste – z. B. der Eimer oder der Bagger – vor einer feindlichen Übernahme geschützt werden soll. Beide Kontrahenten begreifen nun, dass das kleine Wort „meins" eine große Welt impliziert: Es drückt die Gefühle des Gegenübers aus und lässt das Kind diese Gefühle aus eigener Erfahrung innerlich nachvollziehen.

Was für uns Erwachsene so simpel klingt, ist für jedes Kind ein großer Lernfortschritt! Denn es verlässt nun allmählich seine egozentrische Sicht der Welt und kann nun sein Handeln auf die Perspektive eines anderen Menschen abstimmen. Dies ist das Fundament für eine erfolgreiche Kontaktaufnahme und Kommunikation.

Eigene Emotionen kennenlernen   13

1   Das muntere Gesicht

Jeweils drei bis vier Kinder sitzen im Stuhlkreis und schauen in einen Handspiegel. Sie betrachten ihre Gesichter sehr aufmerksam. „Euer Gesicht kann unglaublich viel. Es kann:

- mit der Nase wackeln,
- die Augen verdrehen,
- die Stirn in Falten legen,
- Augenbrauen hochziehen,
- beide Mundwinkel nach oben oder unten verziehen,
- mit den Ohren wackeln,
- und vieles mehr.

Probiert all dies mal nacheinander aus und schneidet dann eure gruseligste (bzw. lustigste, traurigste) Grimasse!"

Tipp
Auf diese lustige Art lernen Kinder die mimische Variationsbreite ihres Gesichts kennen und erleben die Vielfalt seiner emotionalen Ausdrucksmöglichkeiten.

Alter:	ab 2 bis 6 Jahre
Zeit:	5 bis 10 Minuten
Sozialform:	Einzel- oder Gruppenspiel
Material:	pro Gruppe ein Handspiegel

2 Tanz der Gefühle

Jeder Mensch zeigt tagtäglich eine große Palette von Gefühlen. Unsere Mimik (Gesichtsausdruck) und Gestik (Körperhaltung) verraten viel über die Gefühle, die wir gerade empfinden. Eine weitere Ausdrucksmöglichkeit bietet der Tanz. Dazu brauchen wir nichts weiter als die passende Musik.

„Ich spiele euch nun ein Musikstück vor. Hört genau hin und spürt, wie euch die Töne in eine Gefühlswelt entführen. Nun versucht, eure Stimmung tanzend auszudrücken. Ihr könnt den ganzen Raum dazu ausnutzen und denkt daran, dass ihr das Gefühl, das ihr dabei empfindet, sowohl mit eurem Gesichtsausdruck als auch mit Bewegungen eures ganzen Körpers zum Leben erwecken könnt!"

Tipp
Muntern Sie die Kinder immer wieder dazu auf, den ganzen Raum als Tanzfläche zu erobern. Denn manch ein unsicheres Kind wird sich dies erst allmählich zutrauen.

Variante
Noch intensiver wird diese Ausdrucksübung, wenn jedes Kind seinen gefühlvollen Tanz der Gruppe vorführt und sich danach einen passenden Partner aussucht.
So können sich die Paare, die sich auf diese Weise gefunden haben, in der nächsten Tanzrunde ergänzen oder gegenteilige Gefühle ausdrücken. Auf diese Weise treten sie tanzend in einen Dialog der Gefühle ein.

Alter:	ab 4 bis 11 Jahre	
Zeit:	10 bis 15 Minuten	
Sozialform:	Paar- oder Gruppenspiel	
Material:	Musikstücke, die verschiedene Gefühlsstimmungen auslösen	

3 Gemeinsam sind wir stark!

Nur selten berichten Kinder aus eigenem Antrieb von ihrer Gefühlswelt. In einer ruhigen Minute und an einem sicheren Ort – z. B. abends, vor dem Einschlafen in den Armen eines geliebten Menschen – sind sie meist viel aufgeschlossener. Dann spüren sie unser Interesse und genießen unsere volle Aufmerksamkeit. Sicher helfen Ihnen die folgenden Fragen, ein solch gefühlvolles Gespräch nach dem Motto „Gemeinsam sind wir stark!" auszulösen: „Was ist in deinem Leben in den letzten 24 Stunden (oder: gestern, diese Woche usw.) geschehen, das

- dir Freude gemacht und/oder dich zum Lachen gebracht hat?
- dir ein wenig Bauchschmerzen und Sorgen bereitet hat?
- dich nachdenklich oder gar traurig gemacht hat?
- dir Angst bereitet hat?

Tipp
Wenn Sie jeden Kindergarten- oder Schultag mit diesem Ritual beginnen, werden Sie bemerken, wie positiv sich diese *kleine Zeit der großen Aufmerksamkeit* auf das individuelle Wohlbefinden und das gemeinsame Lernklima auswirkt. Selbstverständlich kann bei einer Gruppen- oder Klassenstärke von 25 bis 30 Kindern nicht jedes zu Wort kommen. Aber vielleicht könnten Sie täglich jeweils zwei oder drei andere Kinder ansprechen. Gehen Sie einfühlsam vor, wenn ein Kind seine Gefühle nicht vor der Gruppe preisgeben möchte. Schließlich ist es das oberste Lernziel, die unterschiedlichen Gefühle eines jeden Gruppenmitglieds zu respektieren. Und hierfür ist Ihr Vorbild maßgeblich.

Variante
Dieses Ritual ist übrigens auch als Paarübung denkbar. In diesem Fall befragen die Kinder sich selbst untereinander.

Alter: ab 5 bis 12 Jahre
Zeit: mind. 5 Minuten
Sozialform: Einzel- oder Paarspiel

4 Frau Gräfin, die Pferde sind gesattelt!

Eines der Kinder spielt eine vornehme Gräfin, die huldvoll im Kreis ihres Personals Platz nimmt. Dann verlässt ein vorher bestimmter Diener den Raum. Draußen erklärt ihm der Spielleiter, welche Gefühlsstimmung (z. B. fröhlich, traurig, wütend) er gleich darstellen soll. Nun klopft der Diener höflich an die Tür, und die Gräfin ruft: „Herein!" Der Diener geht in der vereinbarten Stimmung durch den Raum zur Gräfin, verbeugt sich huldvoll vor ihr und sagt: „Frau Gräfin, die Pferde sind gesattelt!" Die Gräfin antwortet ihm: „Gut, Johann, dann lass uns ausreiten." Daraufhin verlassen beide die *Bühne*, und die Gruppe soll nun die dargestellte Gefühlsstimmung erraten. Anschließend wird eine neue Gräfin gewählt, während die bisherige Gräfin die Rolle des Dieners übernimmt, und das Spiel beginnt von Neuem.

Tipp
Dieses Scharade-Spiel macht den Kindern aufgrund der lustigen Rollen und Texte große Freude. Je nach Alter kann der Schwierigkeitsgrad der Aufgabenstellung immer höher gesteckt werden (z. B. schüchtern, respektlos etc.). Dabei wird dann die Tonlage, in der der Satz „Frau Gräfin, die Pferde sind gesattelt!" vorgetragen wird, umso bedeutsamer.

- **Alter:** ab 4 bis 9 Jahre
- **Zeit:** mind. 10 Minuten
- **Sozialform:** Gruppenspiel

5 Augen auf!

Sicher haben Sie schon oft mit Kindern dieselben Bilderbücher immer wieder angeschaut. Wussten Sie, dass Sie dabei noch viel Unbekanntes entdecken können, wenn Sie das Augenmerk der Kinder auf die in den Büchern versteckte Gefühlswelt lenken? Denn dort können sie aufspüren, wie Gefühle ausgedrückt werden, woran man die verschiedenen Gefühle erkennt, und worin sie sich in der sichtbaren Darstellung voneinander unterscheiden. Dabei können folgende Fragen hilfreich sein:

- Welche Gefühle haben die Personen im Bilderbuch?
- Woran erkennst du sie?
- Verändern sich die Gefühle der Personen im Laufe der Geschichte?
- Warum bleibt oder wechselt das Gefühl, was ist geschehen?

Tipp
Je öfter Kinder in die Gefühlswelt von Bilderbüchern eintauchen, umso besser lernen sie, Gefühle in Worten auszudrücken, Körpersprache zu verstehen und Stimmungen zu interpretieren. Dieses Repertoire benötigen Kinder, um ihre eigenen Gefühle zu verstehen und anderen verständlich zu machen.

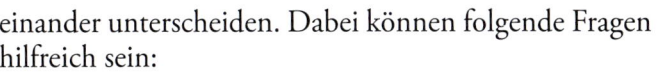

- **Alter:** ab 3 bis 9 Jahre
- **Zeit:** ca. 20 Minuten
- **Sozialform:** Einzelspiel
- **Material:** Bilderbücher

6 Das sinnliche Gesicht

„Wisst ihr eigentlich, dass uns das Gesicht über seinen Ausdruck viel mitteilen kann, beinahe so viel, als könne es sprechen?" Der Spielleiter teilt die Kinder in zwei Gruppen ein, die sich – mit dem Gesicht zueinander gewandt – in zwei Reihen gegenüberstehen. „Gleich werden die Spieler der einen Reihe erraten müssen, welche Gefühle ihnen die Gesichter der anderen Reihe mitteilen wollen."

Nun geht der Spielleiter zwischen beide Reihen, zeigt aber nur einer Reihe den Zettel mit der pantomimischen Aufgabenstellung, also z. B. „Verliebtsein". Nach dem Lesen dreht sich diese Reihe um und konzentriert sich auf die pantomimische Umsetzung. Auf ein Signal hin drehen sich die Kinder wieder zurück und zeigen der anderen Reihe ihre mimische Darbietung. Die Aufgabe der anderen Reihe ist es nun, das vereinbarte Gefühl zu erraten; das Spiel wird auf diese Weise im Wechsel fortgeführt.

- **Alter:** ab 5 bis 12 Jahre
- **Zeit:** 5 bis 10 Minuten
- **Sozialform:** Gruppenspiel
- **Material:** vorbereitete Zettel mit diversen Aufgabenstellungen

7 Das Gefühle-Puzzle

Der kindliche Alltag ist voller Erlebnisse, die verschiedene Gefühlsstimmungen hervorrufen. Aber die fallen nicht vom Himmel! Das ständige Auf und Ab der Stimmungen setzt sich wie ein Puzzlespiel aus vielen Gefühlsteilen zusammen. Zu Spielbeginn wird ein Kind als Detektiv vor die Tür geschickt. Unterdessen einigen sich die anderen Kinder auf eine Ereigniskette, also z. B.: Ein Kind sitzt zufrieden spielend im Sandkasten, ein zweites kommt hinzu und schlägt es; das erste Kind weint und wird anschließend von einem dritten Kind getröstet. Nachdem sich jeder Mitspieler für ein Gefühl entschieden hat, das er darstellen möchte, verteilen sich die Kinder wahllos im Raum. Der Detektiv wird hereingerufen und erfährt vom Spielleiter: „Lieber Detektiv, ich brauche deine Hilfe! Diese Kinder haben irgendetwas erlebt, aber ich weiß nicht, was. Wenn du sie mit dem Finger antippst, zeigen sie dir ihr Geheimnis. Bitte stell sie in die richtige Erlebnisreihenfolge."

Tipp
Um anhand der Gestik und Mimik seiner Mitspieler die Ereigniskette richtig rekonstruieren zu können, braucht der Detektiv viel Konzentrati-

on. Für die erforderliche Ruhe sorgt der kleine Hinweis: „Bitte schweigt und verratet euer Geheimnis erst, wenn euch der Detektiv berührt." Bei großen Kindergruppen und komplexen Ereignisketten ist es ratsam, den Auftrag an zwei oder drei Detektive zu vergeben.

Variante

Dieses Rollenspiel kann auch helfen, ein in der Gruppe problematisches Thema zu vertiefen, z. B. mit einer Aggressions-Ereigniskette. Übrigens: Übung macht den Meister! Je öfter die Kinder *puzzeln,* umso besser werden sie die Kettenreaktion von Gefühlen verstehen.

	Alter:	ab 3 bis 9 Jahre
	Zeit:	ca. 10 Minuten
	Sozialform:	Gruppenspiel

8 Maskenball

Die Kinder bilden einen Kreis, in dessen Mitte vier Paare stehen. Nun wählt jedes Paar eines der vier Grundgefühle (Freude, Trauer, Angst, Wut) aus. Lautlos, ohne Musikhintergrund, beginnen die Paare ihr jeweiliges Gefühl ausdrucksstark zu tanzen. Auf ein vereinbartes Klangzeichen hin trennen sich die Paare und suchen sich – nunmehr als Einzelpersonen – im Kreise der Zuschauer neue Tänzer aus. Haben sie sich für jemanden entschieden, so *streifen* sie das auf ihrem Gesicht abgebildete Gefühl wie eine Maske mit den Händen ab und übergeben es dem neuen Tänzer. Dieser tritt jetzt mit seinem *neuen Gesicht* in die Kreismitte und sucht nun seinerseits einen Partner, mit dem er das soeben erworbene Gefühl ausdrucksstark tanzt. So geht es immer weiter, bis jedes Kind einmal in der Kreismitte tanzen durfte.

	Alter:	ab 5 bis 9 Jahre
	Zeit:	ca. 10 Minuten
	Sozialform:	Gruppenspiel

9 Gefühle gestalten

Das abstrakte Thema „Gefühl" wird für Kinder durch selbst gestaltete Figuren und Formen greifbarer und somit real. Mit Knetmasse, Ton, Watte, Wolle, Farbe oder anderen Materialien können Kinder ihre Gefühle kreativ ausdrücken. „Erzähle mir, was du gerade fühlst. Bist du froh, traurig, wütend oder ängstlich? Dann schenke dein Gefühl diesem Material und gestalte es!"

Tipp
Bitte nehmen Sie sich genügend Zeit für Einzelgespräche: „Was erzählt uns deine Form oder Figur. Ist es vielleicht die Geschichte von einem Trauerkloß, einer Glücksfee oder einem Wut-Stier?" So erhalten Sie einen guten Einblick in die Gefühlswelt einzelner Kinder oder einer Gruppe.

Variante
Aus Maschendraht, Holzkugeln, Stoffresten und Knöpfen lassen sich zu den jeweiligen Basisgefühlen auch Puppen gestalten. Die Kinder werden diese Puppen gerne zum Leben erwecken, ihnen Namen geben (z. B. Herr Angsthase, Frau Freudig, etc.) und Geschichten mit und von ihnen erzählen. Die Puppen könnten auch dafür sorgen, dass Gruppenregeln eingeführt und eingehalten werden. Oder sie werden bei einem unerklärlichen Stimmungswechsel in der Gruppe oder anderen Gefühlsangelegenheiten zurate gezogen.

- **Alter:** ab 4 bis 9 Jahre
- **Zeit:** mind. 30 Minuten
- **Sozialform:** Einzelspiel

10 Ach wie gut, dass niemand weiß, wie mein Gefühl heißt!

Eine Kleingruppe von zwei bis vier Kindern wirft im *geheimen Kreis* einen Stimmungswürfel. Die anderen Mitspieler dürfen das Ergebnis nicht sehen. Nun stellt die Kleingruppe das gewürfelte Gefühl mimisch, gestisch und mit Lauten dar. Während ihrer Vorführung versuchen die anderen Kinder zu erraten, welches Gefühl dargestellt wird. Wer es als Erster errät, darf seinen eigenen *Geheimbund* zusammenstellen und erneut würfeln.

Tipp
Nach Ende des Spiels ist eine Diskussion darüber, wie andere Kinder das Gefühl dargestellt hätten, ratsam. Übrigens: Einen Stimmungswürfel aus Holz können Sie im Handel kaufen oder als Gemeinschaftsarbeit mit den Kindern, z. B. aus Schaumstoff, herstellen.

Variante
Dieses Spiel macht den Kindern auch als Paarspiel große Freude. Dann gibt es jeweils wechselweise einen Darsteller und einen Ratenden.

Alter:	ab 3 bis 7 Jahre
Zeit:	ca. 10 Minuten
Sozialform:	Paar- oder Gruppenspiel
Material:	ein Stimmungswürfel

11 Wenn, dann!

Wer kennt sie nicht, die berühmten Wenn-dann-Sätze aus dem Erziehungsalltag! Hier können wir sie sinn- und gefühlvoll nutzen. Die Spielleiterin erklärt: „Bitte bildet mit mindestens einem Wort (aus einer vorbereiteten Liste von Adjektiven) einen Wenn-dann-Satz und schreibt ihn auf, also z. B.: „Wenn ich albern bin, dann kichere ich ganz laut."
Hier einige Adjektive, die Sätze mit emotionalem Inhalt auslösen:

- albern
- besorgt
- wütend
- lustig
- traurig
- ängstlich
- eifersüchtig
- friedlich
- genervt
- heiter
- zornig

Tipp
Diese Sprachübung macht noch mehr Spaß, wenn man nicht nur Sätze zur eigenen Person, sondern auch über andere Mitmenschen bildet, also z. B.: „Wenn der Hausmeister genervt ist, dann zucken seine Augenbrauen!"

Variante
Auch ein Wettspiel zwischen zwei oder mehreren Gruppen ist möglich: „Welche Gruppe bildet in fünf Minuten die meisten Sätze?"

Alter:	ab 8 bis 11 Jahre
Zeit:	ca. 10 Minuten
Sozialform:	Einzel- oder Gruppenspiel
Material:	vorbereitete Wortliste

Eigene Emotionen handhaben

Wer seine Gefühle wahrnehmen kann, der vermag sie noch lange nicht zu steuern. Hierzu benötigen wir ein starkes Maß an emotionaler Selbstkontrolle und -regulierung, d. h. die Fähigkeit, die eigenen Gefühlsschwankungen durch einen inneren Dialog so zu steuern, dass wir ihnen nicht mehr passiv ausgeliefert sind, sondern aktiv eingreifen können.

Jedes Gefühl hat seinen spezifischen Wert und sollte nicht unterdrückt werden. Kinder müssen den intelligenten Umgang mit allen aufkommenden Gefühlen lernen, und zwar mit dem Ziel, ihre emotionale Ausgewogenheit und innere Stabilität zu erhalten. Es gilt, bedrängende Gefühle in Schach zu halten und ein ausgewogenes Verhältnis zwischen positiven und negativen Emotionen herzustellen.

Kinder müssen also lernen, wie sie:

- Wut und Zorn deeskalieren, sich abregen, zornige Gedanken infrage stellen und neu bewerten können.
- Sorge und Angst durchbrechen, ihre Ursache erkennen und eine kritische Haltung dazu einnehmen können.
- Melancholie und Trauer akzeptieren und verarbeiten können.

Jedes Kleinkind drückt zunächst seine Gefühle spontan und ohne Hemmungen überall aus. Erst allmählich versteht es, dass seine Gefühle in einem sozialen Kontext stehen. Schritt für Schritt lernt es während des emotionalen Reifungsprozesses, seine starken Gefühlswallungen zu kontrollieren und sie in konstruktive, sozial verträgliche Bahnen zu lenken. Diese Selbstgestaltung und -steuerung ist oft eine Sache von wenigen Zehntelsekunden. Wenn wir in dieser kurzen Zeit nicht erkennen, dass z. B. unsere Trauer oder unsere Wut unangemessen sind, dann können unsere Gefühle eine Eigendynamik entwickeln und uns mit ihren Wellen überschwemmen.

Im Verhaltensrepertoire eines Säuglings sind unsere Grundgefühle – Wut, Angst, Traurigkeit und Freude – in den ersten Lebensmonaten gut zu beobachten: Er schreit vor Angst, jammert traurig, läuft vor Wut im Gesicht rot an oder gurrt vor Wonne. In jedem Kind sind diese Grundgefühle veranlagt; wie es sie ausprägt, dies hängt jedoch maßgeblich von unserem Verhalten ab.

Der trotzig schreiende und mit den Füßen stampfende Dreijährige drückt mit seinem Verhalten nur eines aus: „Hilf mir, da herauszukommen; ich schaffe das nicht alleine!" Er wartet darauf, dass wir ihm eine angemessene Grenze aufzeigen, an der er sich in Zukunft orientieren kann. Bleibt diese immer wieder aus, dann kann sich das verunsicherte, haltlose Kind rasch zum Tyrannen entwickeln.

Ein liebevolles Gespräch kann Wunder wirken: „Was macht dich so wütend? Wovor hast du Angst?" Vor allem, wenn das Kind Angst empfindet, sollte es sich mitteilen, seine Gefühlsregungen benennen, Schutz und Hilfe finden können. „Welche Auswege gibt es für deine Angst? Soll ich das Licht anlassen, möchtest du dein Kuscheltier?" Auch aus Mutgeschichten oder -liedern sowie Rollenspielen können Kinder Zuversicht schöpfen und lernen, ihren eigenen Kräften zu vertrauen. Allerdings ist es auch wichtig, Kindern zu erklären, dass jeder Mensch Angst hat und dass dieses Gefühl für sein Überleben wichtig ist.

Auch sollte jedes Kind Tränen der Erleichterung vergießen und dabei unsere Anteilnahme spüren dürfen. Allmählich wird es lernen, sich trösten zu lassen, Auswege aus seiner Traurigkeit zu finden und so später bei seinen Mitmenschen Traurigkeit erkennen und Mitgefühl zeigen können.

Geben Sie dem Kind genügend Zeit und Raum, seine Gefühle zu entladen, hören Sie ihm zu, und zeigen Sie Verständnis für sein zeitweiliges Gefühlschaos. Das Kind benötigt vor allem nach massiven Gefühlsausbrüchen (z. B. Weinkrampf oder Wutanfall) Ihre Meinung, um herauszufinden, was falsch gelaufen ist und welche Alternativen es gegeben hätte.

Angst, Wut, Traurigkeit können unser Denken und Handeln lähmen und unser Leistungsvermögen stark beeinträchtigen. Kinder jedoch, die gelernt haben, ihre Gefühle – auch die unangenehmen – zu handhaben, sind nicht nur leistungsfähiger, sondern auch lebenstüchtiger.

12 Achtung, Ampel!

Im Gruppen- oder Klassenraum hängt für alle Kinder gut sichtbar eine Ampel. Droht ein Kind die Kontrolle über seine Gefühle zu verlieren, dann geht es rasch zur Ampel und drückt das rote Licht. Das bedeutet Stop! Nach kurzer Bedenkzeit schaltet der Spielleiter das gelbe Ampellicht ein. Das bedeutet: Die Kinder informieren sich über die Ursache und die Begleiterscheinungen des Gefühlsausbruchs. Sie beraten gemeinsam über Reaktionsmöglichkeiten und wählen eine für alle Kinder akzeptable Lösung. Nun kann die Ampel wieder grünes Licht zeigen, denn das Gefühlsgleichgewicht ist wiederhergestellt.

Tipp
Hier gilt der Leitspruch: Erst denken, dann handeln! Mithilfe der Gefühlsampel lernen Kinder auf simple, aber wirkungsvolle Weise eine für ihr späteres Leben wichtige Fähigkeit: Gefühl und Reaktion voneinander zu trennen und sich Bedenkzeit zu lassen. Die Ampel ist mit drei Glühbirnen, Zwischenschaltern sowie grünem, gelbem und rotem Transparentpapier rasch gebastelt.

- **Alter:** ab 5 bis 10 Jahre
- **Zeit:** 5 bis 10 Minuten
- **Sozialform:** Gruppenspiel
- **Material:** Ampel

13 Dampf ablassen!

Bieten Sie Kindern regelmäßig Spielsequenzen, in denen sie *Dampf ablassen*, ihre Kräfte testen und sich mit anderen Kindern messen können.

Hierzu einige Vorschläge:

- Tauziehen mit zwei Gruppen
- um die Wette laufen
- Kissenschlacht

- Trampolin springen
- Schreikonzert in der freien Natur
- Ton oder Modelliermasse durchkneten
- Schattenboxen

Tipp
Solche sportlichen Kampf- und Wettspiele sind wahre Aggressionsabbauer!

Alter:	ab 3 Jahre	
Zeit:	ca. 3 bis 5 Minuten	
Sozialform:	Einzel-, Paar- oder Gruppenspiel	
Material:	je nach Spielvariante	

14 Hexe, Hexe, was kochst du heute?

Ein Kind wird als Hexe auserkoren, die sich nun ans Ende des mindestens 20 m langen Spielfeldes stellt. Ihr gegenüber, am anderen Ende des Spielfeldes, stehen alle Mitspieler nebeneinander auf einer Startlinie (evtl. mit Kreide gezogen). Sie rufen bei jedem Schritt, den sie in Richtung Hexe gehen, je ein Wort des folgenden Spruches: „Hexe, Hexe kochst du heute grüne Echse?" Ruft die Hexe „Ja!", dann bleiben alle Mitspieler regungslos auf der Stelle stehen und antworten: „Hhmm, wie lecker!" Ruft die Hexe jedoch „Nein, ich koche Zitteraal!", dann laufen alle zitternd und zähneklappernd zur Startlinie zurück. Wen die Hexe dabei erwischt, der übernimmt in der nächsten Runde ihre Rolle.

Tipp
Dieses Spiel erfordert eine große Spielfläche und eignet sich besonders für Sporthallen oder für Ausflüge auf große Waldlichtungen oder Wiesen.

- **Alter:** ab 3 bis 8 Jahre
- **Zeit:** 10 bis 15 Minuten
- **Sozialform:** Gruppenspiel

15 Ring frei für das Po-Duell!

Wer leicht in Wut gerät, kann sich bei diesem sportlichen Wettkampf abreagieren. Zunächst erläutert der Spielleiter den Kindern die Fairness-Regeln: schlagen, treten, beißen und kratzen verboten. Nur drücken ist erlaubt! Wer die Regeln missachtet, hat den Kampf sofort verloren. Nun treten die *Po-Kämpfer* paarweise auf eine Weichbodenmatte. Beim Ertönen des Gongs beginnt die erste Runde. Die beiden Kontrahenten stehen mit dem Rücken zueinander in einem auf dem Boden markierten Kreis. Sie beugen sich so weit nach vorne, dass ihre Pos sich berühren. Nun versuchen beide, sich gegenseitig mit voller Kraft aus dem Kreis zu drücken. Es gewinnt derjenige, der als Erster seinen Kontrahenten so aus dem Kreis drückt, dass er mit beiden Füßen außerhalb des markierten Kreises steht. Ein Wettkampf mit Spaß-Garantie!

- **Alter:** ab 4 Jahre bis 14 Jahre
- **Zeit:** ca. 5 Minuten
- **Sozialform:** Paarspiel
- **Material:** eine Weichbodenmatte

16 Das Wasser kocht!

Zeigen Sie den Kindern, wie Wasser in einem Topf zum Siedepunkt kommt: Erst bleibt die Oberfläche regungslos. Dann kommt Bewegung auf, es bilden sich Luftbläschen und schließlich sprudelt es heftig. Wird der Topf mit einem Deckel verschlossen, so kocht alles mit Getöse über. „Wenn ihr Wut empfindet, dann kann es euch ähnlich ergehen. Erst spürt ihr die Wut kaum, dann brodelt sie heftig in euch und plötzlich explodiert sie aus euch heraus! Lasst uns mal einen vor Wut kochenden Dampftopf spielen und erleben, wie er sich steigert!"

Für dieses Spiel hat sich folgender Ablauf in sieben Stufen bewährt:
1. Ruhig auf den Stühlen sitzen,
2. mit dem Mund die immer lauter werdenden Blubbertöne des Wassers imitieren,
3. zu den lauten Blubbertönen die beiden nach vorne gestreckten Arme bewegen,
4. zusätzlich noch mit den Füßen zappeln,
5. aufstehen, in die Hände klatschen und mit den Füßen stampfen,
6. mit lautem Schreien in die Höhe springen und die Arme nach oben strecken,
7. mehrmals tief ein- und ausatmen.

Alter: ab 3 bis 8 Jahre
Zeit: ca. 3 Minuten
Sozialform: Einzel- oder Gruppenspiel

17 Die Trostschaukel

Nicht umsonst schaukeln Eltern ihr Neugeborenes automatisch im Arm. Schaukeln hat eine beruhigende Wirkung. Die immer wiederkehrenden Bewegungen vermitteln vor allem kleinen Kindern das fundamentale Gefühl von Schutz und Geborgenheit.
In der Trostschaukel können Kinder, die Trost suchen, gewiegt werden. Zu den gleichmäßigen Bewegungen des großen Tuches hören sie tröstende Worte in sanftem Tonfall oder sie werden mit beruhigender Musik untermalt. So findet sicher jedes noch so aufgewühlte Kind seinen Trost und Frieden.

- **Alter:** ab 3 bis 99 Jahre
- **Zeit:** ca. 3 bis 5 Minuten
- **Sozialform:** Einzelspiel
- **Material:** großes, festes Tuch zum Schaukeln

18 Du eckige Olive!

Wer kennt sie nicht, die Augenblicke, in denen man am liebsten lauthals fluchend Schimpfworte in die Welt brüllen möchte, um die aufgestaute Wut abzulassen! In dieser Situation ist es höchste Zeit für den Wettbewerb der ausgefallensten Schimpfwörter, wie z. B. „schimmeliger Pudding", „fauler Nasenbär", „klebriger Schneckenschleim", „alte Bananenschale", „stinkende Tütensuppe" u. v. m. Keine Sorge, die Kreativität der Kinder kennt hierbei keine Grenzen. Und große Freude macht es allemal!

Tipp

Eine Jury – bestehend aus einigen Kindern oder/und dem Spielleiter – trägt die Ergebnisse zusammen und verkündet nach kurzer Beratungszeit den Gewinner. Es ist ratsam, respektlose Schimpfworte von vornherein zu verbieten. Wie? Das verrät Ihnen „Die Waschmaschine Clementine", unser nachfolgendes Spiel.

Alter: ab 3 bis 99 Jahre
Zeit: ca. 5 Minuten
Sozialform: Einzel-, Paar- oder Gruppenspiel

19 Die Waschmaschine Clementine

Basteln Sie mit den Kindern eine Waschmaschinen-Attrappe aus Karton. Achten Sie darauf, dass die Waschmaschine oben oder vorne eine für die Kinder gut erreichbare Öffnung hat, durch die ein Kopf passt und die verschließbar ist. Dann erläutert der Spielleiter das Ritual: „Darf ich euch Clementine, unsere fleißige Waschmaschine, vorstellen? Sie wäscht dreckige Worte blütenrein sauber. Bevor wir in unseren Gruppenraum (bzw. Klassenraum) gehen, stecken diejenigen, die gerade Schimpfworte auf der Zunge haben, den Kopf in die Waschmaschine. Dort könnt ihr nach Herzenslust eure Schimpfworte hineinbrüllen. Das letzte Kind schließt dann rasch die Waschmaschinentür. Während wir im Raum sind, wäscht Clementine, und am Ende könnt ihr euch ein sauberes, also liebes Wort mit nach Hause nehmen."

Tipp

Dieses kleine Ritual hat große Wirkung! Die Kinder nehmen es sehr ernst und haben viel Freude daran. Sollte doch mal ein Schimpfwort in der Gruppe fallen, das eigentlich in die Waschmaschine gehört, dann hilft nur eins: Rausgehen, überprüfen, ob die Luke richtig verschlossen ist, und das Wort nochmals in die Waschtrommel sprechen. So lange bis auch der letzte Schimpfer klein beigibt.

- **Alter:** ab 2 bis 9 Jahre
- **Zeit:** Bastelzeit: ca. 1 Stunde
- **Sozialform:** Gruppenspiel
- **Material:** Waschmaschinen-Attrappe aus Karton

20 Schalt mich ein, schalt mich aus, die Gefühle müssen raus!

Erinnern Sie sich noch an das alte Spiel *Puppen drehen*? Der Spielleiter dreht ein Kind an seinem Arm um die eigene Körperachse und lässt spontan los. Sofort bleibt das Kind in der zuletzt erreichten Haltung stehen, und zwar regungslos. Wer wackelt, scheidet aus! In unserer neuen Spielvariante schaltet der Spielleiter die stehenden Kinder an einem imaginären Knopf (z. B. am Rücken oder an der Nase) ein. Dabei singt er laut: „Schalt mich ein, schalt mich aus, die Gefühle müssen raus!" Das *eingeschaltete* Kind drückt nun seine momentane Gefühlsstimmung aus, wobei seiner Fantasie keine Grenzen gesetzt sind. Es kann wütend wie ein Löwe fauchen oder wie ein Baby weinen. Nacheinander versetzt der Spielleiter so alle Kinder in Gefühlsaufruhr, bis der steigende Geräuschpegel ein „Alle Gefühle aus!" erforderlich macht.

Tipp

Auf diese lustige Art können sich die aufgestauten Gefühle einer ganzen Gruppe entladen! Dann sind sie zwar noch nicht bearbeitet, aber zumindest für alle sicht- und hörbar geworden.

- **Alter:** ab 3 bis 9 Jahre
- **Zeit:** ca. 5 bis 10 Minuten
- **Sozialform:** Einzel-, Paar- oder Gruppenspiel

21 Ein Einbaum geht auf Reisen

Keine Angst zu haben, bedeutet vor allem, sich selbst und anderen vertrauen zu können. Wie weit ein Einbaum kommen kann, wenn er den ihn tragenden Wellen und seiner eigenen Stabilität vertraut, das können die Kinder nun am eigenen Leib erfahren:
Die Kinder liegen versetzt, mit ihren Köpfen zueinander (wie ein Reißverschluss), auf dem Rücken. Dann strecken sie beide Arme nach oben und aktivieren ihre Oberarmmuskeln. Nun gilt es, auf ihren Händen einen Mitspieler als Einbaum zu tragen und über die Köpfe hinweg behutsam weiterzureichen.

Tipp

Für diese Reise sind mindestens 15 ältere Kinder mit ausreichend starken Oberarmmuskeln erforderlich.
Wichtig: Der Einbaum, also das auf den Händen getragene Kind, muss sich ganz steif machen, sonst *geht es unter*. Übrigens: Mit verbundenen Augen spürt der Einbaum seine Stärken und Schwächen auf dieser Reise noch intensiver.
Es ist ratsam, den Begriff *Einbaum* zu erklären: Der Einbaum ist ein weit verbreiteter Bootstyp, vor allem bei Naturvölkern. Sein Rumpf wird aus einem einzigen, oft mit Feuer ausgehöhlten Baumstamm gefertigt. Er ist starr und außergewöhnlich stabil.

- **Alter:** ab 11 bis 15 Jahre
- **Zeit:** 10 Minuten
- **Sozialform:** Gruppenspiel

22 Mein Hut

Wer hier den Hut trägt, gibt den Ton an, d. h., er ist der Spielleiter! Er darf die gefühlvollen Bewegungsabläufe vorführen, die alle Kinder in der Gruppe nachahmen. Ruft der Hutträger z. B.: „Mein Hut, der hat Angst!" (oder „... freut sich", „... ist wütend" „... ist traurig" usw.), dann zeigt er zugleich eine dafür typische Mimik und Gestik. Während er also z. B. ängstlich schleicht, ahmen die anderen Kinder sein Verhalten so gut wie möglich nach und bewegen sich mit dem Hutträger durch den Raum. Ertönt das vereinbarte Klangsignal, dann setzt der Spielleiter einem anderen Kind den Hut auf den Kopf, und weiter geht's!

- **Alter:** ab 4 bis 9 Jahre
- **Zeit:** 10 Minuten
- **Sozialform:** Gruppenspiel
- **Material:** Hut, Klangsignal

Eigene Emotionen in die Tat umsetzen

Optimistische und motivierte Menschen treten aufgrund ihres größeren Selbstbewusstseins viel entschiedener auf und sind erfolgreicher als ihre pessimistischen Mitmenschen.
Aber bis es so weit ist, steht jedem Kind ein beschwerlicher Weg bevor. Es muss Schritt für Schritt lernen, seine Gefühle produktiv zu nutzen, zielgerichtet in die Tat umzusetzen und sich selbst zu motivieren. Diese emotionalen Fähigkeiten kann es im Laufe seines Lebens nur dann optimal ausprägen, wenn es zwei grundlegende Voraussetzungen beherrscht:

- die Impulskontrolle als Grundlage der Selbstbeherrschung
- den Optimismus als Grundlage der Selbstmotivation

„Ich will jetzt sofort alles!" Wer kennt ihn nicht, diesen nervigen Spruch, den Kinder gebetsmühlenartig tagtäglich äußern und mit dem sie uns Erwachsene erfolgreich nerven. Dabei ist die Kunst der Zurückhaltung ein wichtiger Indikator für ein erfolgreiches Leben. Kindergartenkinder, die früh gelernt haben, ihre Bedürfnisse und Wünsche aufzuschieben – also über eine gute Impulskontrolle verfügen –, erzielen nachweislich bessere Resultate im Schuleignungstest als Gleichaltrige mit geringer Selbstbeherrschung. Auch als Jugendliche verhalten sie sich im Umgang mit Gleichaltrigen und Erwachsenen wesentlich souveräner. Wenn wir Kindern also jeden Wunsch von den Lippen ablesen und sofort erfüllen, dann tun wir ihnen damit keinen Gefallen. Im Gegenteil: Wir erziehen sie nicht zu selbst kontrollierten Menschen, sondern vielmehr zu quengeligen und unzufriedenen Zeitgenossen.

„Das schaffe ich bestimmt!" Wer diesen optimistischen Satz beherrscht, der kann Berge versetzen. Denn wer seine Fähigkeiten und Gefühle positiv einschätzt, vermag sich intrinsisch, d. h. von innen heraus selbst zu motivieren. Dazu benötigt das Kind die wichtige Grundeinstellung: „Ich kann mein Denken, Fühlen und Handeln selbst beeinflussen, steuern und produktiv einsetzen. Ich gestalte mein Leben selbst!" Es geht also um seine Fähigkeit, Erfolge und Niederlagen als beeinfluss- und veränderbar anzusehen.

Dieser Optimismus ist keine schicksalhafte charakterliche Disposition sondern vielmehr erlernbar. Psychologen gehen davon aus, dass Optimismus auf einem gesunden Selbstvertrauen basiert, d. h. auf der Überzeugung, die Geschehnisse des Lebens im Griff zu haben und für neue gewappnet zu sein. Nicht selten vermitteln wir jedoch dem Kind – meist unbewusst –, dass es unzureichend ist, dass andere Kinder besser sind, dass Arbeit keine Freude macht, dass das Leben ein ständiger Kampf ist, dass das Schicksal ungerecht und grausam ist und dass man im Leben nichts geschenkt bekommt. Das Geheimnis der Optimisten liegt jedoch darin begründet, dass sie ihre Aufmerksamkeit bevorzugt dem Positiven zuwenden und sich damit ausdauernd beschäftigen. Ängstliche, pessimistische Menschen lassen sich dagegen magisch vom Negativen anziehen und fühlen sich bei eintretendem Unglück auch noch in ihren Vorurteilen bestätigt.

Kinder sollten wissen, dass unangenehme Gefühle wie Angst, Stress und Traurigkeit zum Leben gehören wie die Nacht zum Tag, und dass es kein problemloses Leben gibt. Aber sie sollten auch lernen, dass sie Glücksmomente erleben können, wenn sie Probleme bewältigt und Ängste überwunden haben.

Es gibt also viele gute Gründe, Kinder zu positiv denkenden und fühlenden Wesen zu erziehen. Sie sollten gelernt haben, auf die Erfüllung eines Wunsches zu warten, um sich dann, wenn sie eintritt, umso mehr freuen zu können. Und wenn wir als Erziehende optimistisch durch den Alltag gehen und unsere Bedürfnisse aufschieben können, erfahren Kinder uns als Vorbild, an dem sie sich in ihrer emotionalen Entwicklung orientieren können.

23 Mein Entwicklungskoffer

Könnte ein Kind auf seine Lernfortschritte zurückblicken, würde es neue Vorhaben viel optimistischer beginnen. Das ist der Leitgedanke des Entwicklungskoffers, der in der Lernkarriere eines Kindes wahre Wunder vollbringen kann! Und so funktioniert er: Bitten Sie die Eltern, beim Aufnahmegespräch zum ersten Kindergarten- oder Grundschultag ihres Kindes, einen kleinen Koffer mitzubringen. Darin sind die ersten großen Meilensteine im Leben des Kindes dokumentiert, also z. B. Fotos, die das Kind kurz nach der Geburt, bei den ersten Geherfolgen u. a. zeigen, oder ein Zettel, auf dem sein erstes Wort geschrieben steht usw. Im Laufe der Kindergarten- oder Schulzeit füllen die Kinder den Koffer selbst mit ihren weiteren Lernfortschritten, z. B. der Schwimmurkunde, dem ersten selbst geschriebenen Satz usw. Und am Ende der Kindergarten- oder Schulzeit wird der gefüllte Koffer als *Kraftpaket fürs Leben* feierlich überreicht, nach dem Motto: „Keine Sorge, dein Koffer ist gut gefüllt, mach weiter so!"

Tipp
Der Entwicklungskoffer hilft Kindern, die eigene Lernlaufbahn optimistisch wahrzunehmen und zu reflektieren. Ein Blick in den Koffer macht das bereits Geleistete deutlich und gibt Kraft, wenn es bei einem Lernschritt mal nicht so klappt. Wichtig: Teilen Sie den Eltern mit, wie groß der Koffer sein soll und wie viele Lerndokumente zu Beginn darin liegen sollten; so vermeiden Sie Konkurrenzdenken und Neid bei den Kindern.

- **Alter:** ab 5 bis 8 Jahre
- **Zeit:** kurz, aber regelmäßig über einen langen Zeitraum
- **Sozialform:** Einzelspiel
- **Material:** ein kleiner Koffer

24 Die Lernbörse

Ältere Kinder, die dem vorher beschriebenen Entwicklungskoffer entwachsen sind, können ihre Lernfortschritte oder -probleme auf der Lernbörse, dem *Markt des Lernens,* reflektieren. Sie können dort aber auch Hilfe beim Lernen suchen oder neue Lernwünsche formulieren, also z. B. in 10 Sprachen „Guten Tag" sagen zu können, Saltosprünge zu lernen, Wurzeln zu ziehen usw. Zur Lernbörse gehört auch das Thema *Lernen lernen,* d. h. Fragen wie: „Was ist beim Lernen wichtig?", „Was kann ich schon gut?", „Wo kann ich mich wie verbessern?", „Was kann ich Mitschülern erklären?", „Wie kann ich ihnen helfen?", „Wo brauche ich die Hilfe eines Mitschülers?" usw.

Die Lernbörse kann methodisch variieren: Die Gruppe bzw. Klasse legt eine langfristige Lerndatei an, in der jeder Schüler seine individuelle Lernkarte führt („Kann ich", „kann ich noch nicht", „muss ich wiederholen", „hier brauche ich Hilfe" usw.). Die Lernbörse könnte auch regelmäßig am Ende der Woche im Dialog zu zweit, im gemeinsamen Gruppengespräch, auf einem Spaziergang oder im „Kugellager" stattfinden (Beschreibung des *Kugellagers* in: Charmaine Liebertz, Das Schatzbuch der Herzensbildung, Don Bosco Verlag, München 2005, S. 144, auch als E-Book erhältlich).

Alter: ab 9 Jahre bis zum Ende der Schulzeit
Zeit: kurz, aber regelmäßig über einen langen Zeitraum
Sozialform: Einzel-, Paar- oder Gruppenspiel

25 Sesam, öffne dich!

Ein Geheimnis zu haben, ist spannend und verursacht freudiges Kribbeln im Bauch. Diese Spannung auszuhalten, ohne sie sofort mit jemandem zu teilen, fällt nicht nur Kindern schwer. Die Kinder sitzen im Kreis; in der Kreismitte steht eine kleine, glitzernde Schatztruhe. Große Neugierde macht sich breit, und jedes Kind möchte wissen, welcher Schatz darin verborgen ist. Die Spannung steigt. Nacheinander darf

nun jedes Kind einen Blick in die Schatztruhe werfen. Aber Achtung, alles ist streng geheim! Mit geheimnisvoller Miene gehen die Kinder auf ihren Platz zurück, bis auch das letzte Kind das Geheimnis kennt. Endlich, auf das Kommando: „Sesam, öffne dich!" verraten alle gemeinsam laut rufend das Geheimnis.

Tipp
Aus einem unscheinbaren Schuhkarton kann mit ein wenig Fantasie und viel Glitzer rasch eine wundervolle Schatztruhe entstehen. Sie könnte folgende Schätze enthalten: ein kleines Stofftier, einen glitzernden Stein, ein witziges Foto oder eine geheime Botschaft. Achten Sie darauf, dass die Spannung vor dem ersten Öffnen einige Minuten anhält. Denn so lernen die Kinder, ihre Impulse zu kontrollieren. Besonders reizvoll ist die Schatztruhe, wenn sie mit einem Schlüssel verschlossen werden kann. Erzählen oder lesen Sie den Kindern das orientalische Märchen *Ali Baba und die 40 Räuber* vor, aus dem der Zauberspruch „Sesam, öffne dich!" entnommen ist.

Variante

Selbstverständlich können mehrere Schatztruhen mit unterschiedlichem Inhalt eingesetzt werden. Darin könnten auch geheime Befehle liegen, z.B. „Hüpfe!" oder „Pfeife eine Melodie!" usw. Wenn der Spielleiter ruft: „Sesam, öffne dich!", dann hüpfen alle Kinder durch den Raum oder pfeifen eine Melodie.

- **Alter:** ab 3 bis 8 Jahre
- **Zeit:** ca. 10 Minuten
- **Sozialform:** Gruppenspiel
- **Material:** Kleine Schatztruhe mit *Schätzen*, z. B. glitzernde Steine, Stofftier, witziges Foto, geheime Botschaft etc.

26 Die Glückstauscher

Jedes Kind erhält zu Spielbeginn fünf Gegenstände (z. B. kleine Steine, Perlen, Muscheln etc.), die es von nun an in seiner verschlossenen Faust hält. Auf ein Klangzeichen hin gehen alle Kinder ruhig durch den Raum und tauschen oder verschenken ihre Gegenstände. Während des Spielverlaufs ist es vollkommen unwichtig, ob ein Kind zwei oder vier Gegenstände in der Hand hält. Aber wenn der Spielleiter plötzlich eine Zahl ausruft, schlägt die Stunde des Glücks: „Wer drei Steine in der Hand hält, hat gewonnen!" Die Anzahl der geforderten Gegenstände bestimmt der Spielleiter nach Belieben. Wer die richtige Anzahl besitzt, ist der Glückstauscher des Tages (bzw. der Woche, des Monats). Manchmal gibt's mehrere Glückskinder – umso schöner!

Tipp

Beim Glückstausch geht es um die Fähigkeit, bereitwillig abgeben zu können, voller Optimismus zu sammeln oder zu tauschen, in der Hoffnung, am Ende die richtige Entscheidung getroffen zu haben. Wer teilen kann, hat gute Chancen, wer alles behalten will, ist meist der Verlierer.

Variante

Als Tauschgegenstände erweisen kleine Buchstaben oder Zahlen gute Lerndienste: Am Schluss müssen die Kinder die in der Hand verbliebenen Zahlen addieren oder aus den Buchstaben Worte formen.

- **Alter:** ab 4 bis 9 Jahre
- **Zeit:** 5 bis 10 Minuten
- **Sozialform:** Gruppenspiel
- **Material:** kleine Tauschgegenstände (Steine, Perlen, Buchstaben, Zahlen etc.)

27 Lasst uns alle!

Alle Kinder gehen durch den Raum, und wer Lust hat, ruft plötzlich: „Lasst uns alle (z. B.) wie Kängurus hüpfen!" Die übrigen Kinder rufen: „Au, ja!" und hüpfen solange als Kängurus durch den Raum, bis ein anderes Kind eine neue Spielanweisung gibt. Um ein chaotisches Dazwischenrufen der Kinder zu vermeiden, gilt die Regel: Jedes Kind darf nur einmal einen Vorschlag machen. Dabei darf es kein anderes Kind unterbrechen. Daher erklärt der Spielleiter: „Geht aufmerksam durch den Raum und beobachtet, ob eure Mitspieler jetzt einen Vorschlag ausrufen könnten."

Tipp

Jedes Kind darf nur einmal das Gruppenverhalten beeinflussen und die beliebte Rolle des *Bestimmers* einnehmen. So trainiert es spielerisch seine Impulskontrolle. Folgende Regel vermeidet, dass die Kinder sich zu häufig unterbrechen: In der Raummitte steht ein Stuhl, auf den nur der Bestimmer steigen darf, um seinen Vorschlag zu verkünden. Allmählich sollte jedoch der Stuhl überflüssig werden. Erst dann klappt die Impulskontrolle in der Gruppe richtig gut!

Variante

Die jeweiligen Bestimmer können ihre Spielvorschläge aufeinander abstimmen und als fortlaufende Geschichte gestalten, also z. B.: „Lasst uns alle Giraffen sein!" – „Lasst uns alle die Hälse strecken!" – „Lasst uns alle an der Wasserstelle trinken!" usw.

- **Alter:** ab 4 bis 9 Jahre
- **Zeit:** 10 bis 15 Minuten
- **Sozialform:** Gruppenspiel
- **Material:** evtl. ein Stuhl

28 Mein Freund, der Baum

Schon immer standen Bäume den Menschen sehr nahe: Hier versammelt man sich, sucht Schatten, Schutz oder Trost. Bäume sind alte Symbole für Wachstum und Leben. An ihnen können Kinder das Blühen, Ernten, Altern und Sterben beobachten. Sie vermitteln den Optimismus des ungestümen Lebens, der Jugend und zugleich die Grenze des Möglichen, das allmähliche Altern. Sie zeigen uns Kraft und Schwäche, Wachsen und Innehalten und sind wie gute Freunde. Besuchen Sie mit Ihrer Gruppe oder Klasse regelmäßig einen Baum in der Nähe. Die Kinder können ihn anfassen, fotografieren, vermessen und malen, Tonabdrücke machen und Markierungszeichen an den Ästen befestigen (z. B. kleine Bänder), um sein

Wachstum zu verfolgen. Und zum Wechsel der Jahreszeiten gibt es Neues zu entdecken und zu dokumentieren. Ein solch inniger Kontakt zum Werden und Vergehen der Natur verleiht Kindern Wurzeln und Flügel zugleich!

Tipp
Wer ein persönliches Baum-Tagebuch führt, lernt die Technik der Dokumentation und erfährt zugleich, dass der Wandel Bestandteil des Lebens und somit auch seiner eigenen Entwicklung ist.

- **Alter:** ab 6 bis 12 Jahre
- **Zeit:** 20 bis 40 Minuten
- **Sozialform:** Einzelspiel

29 Wenn Optimisten fallen

Sich beruhigt fallen zu lassen und dabei aufgefangen zu werden, ist eine wunderbare Erfahrung, die nun mindestens 12 Kinder machen können. Sie stehen in einem markierten Kreis dicht zusammen und werden in zwei gleich große Gruppen – Optimisten und Helfer – eingeteilt. Auf den Zuruf des Spielleiters: „Alle Optimisten fallen langsam in Ohnmacht!" lassen sich die Kinder dieser Gruppe mit lautem Seufzer behutsam zu Boden fallen. Die Helfer eilen rasch herbei und fangen die Optimisten, indem sie ihnen unter die Arme greifen, sanft auf, noch bevor sie den Boden berühren. Dann werden die Rollen getauscht und neue optimistische Erfahrungen gesammelt.

Tipp
Die Kinder machen hier eine optimistische Erfahrung: Ich kann mich auf jemanden verlassen!

- **Alter:** ab 4 bis 9 Jahre
- **Zeit:** 5 Minuten
- **Sozialform:** Gruppenspiel

30 Der Ehrenball

Wer sonnt sich nicht gern im Lob seiner Mitmenschen? Die Ehre, im Mittelpunkt des positiven Interesses zu stehen, gibt schließlich jedem von uns optimistische Lebenskraft. Der Ehrenball macht's möglich! Die Kinder bilden einen Kreis der *Ehrenleute* und werfen sich einen Ball zu. Wer ihn fängt, dem gebührt die Ehre, von den anderen Mitspielern ausgiebig gelobt zu werden. So erfahren Kinder, was anderen an ihnen gefällt und wie sie ihr Verhalten einschätzen.

Tipp
Beim Ehrenball lernt man nicht nur Lob zu genießen, sondern vor allem auch, es auszusprechen. Außerdem bilden Optimismus und Impulskontrolle (d. h. die Fähigkeit zu warten) hier ein vortreffliches Paar.

- **Alter:** ab 4 Jahre
- **Zeit:** ca. 10 Minuten
- **Sozialform:** Gruppenspiel
- **Material:** Ball

31 Der Kopierer

Je zwei Kinder sitzen zusammen auf dem Boden. Immer spielt eines von ihnen den *Entwerfer* und das andere den *Kopierer*. Letzterer bemüht sich, die Vorgaben seines Partners so detailgetreu wie möglich nachzuahmen. Verschiedene Aufgaben sind hierbei denkbar:

- Der Entwerfer legt eine Form mit einem Seil auf den Boden (bzw. Tisch) und der Kopierer legt diese nach.
- Der Entwerfer zeichnet eine Zahl mit dem Finger in die Luft und der Kopierer schreibt diese auf.
- Der Entwerfer formt lautlos mit den Lippen ein Wort und der Kopierer spricht dieses laut aus.

Tipp

Es ist ratsam, die Rollen des Entwerfers und Kopierers zu tauschen. So lernen beide Kinder, geduldig auf die jeweiligen Vorgaben des Partners zu warten.

- **Alter:** ab 3 bis 8 Jahre
- **Zeit:** 3 bis 5 Minuten
- **Sozialform:** Partnerspiel
- **Material:** Seil

32 Kleine Feder, weck mich!

Alle Kinder liegen als *verzauberte Wesen* im Raum verteilt auf dem Bauch und täuschen mit geschlossenen Augen einen Tiefschlaf vor. Der Spielleiter geht leise herum und *erlöst* die Kinder, indem er sie mit einer Feder im Gesicht kitzelt. Die erlösten Kinder dürfen ihre Augen öffnen, müssen allerdings ruhig liegen bleiben, bis alle anderen Mitspieler aus ihrem Tiefschlaf geweckt wurden.

Tipp

Auch hier steht die hohe Kunst des Wartens im Mittelpunkt.

- **Alter:** ab 2 bis 6 Jahre
- **Zeit:** 5 Minuten
- **Sozialform:** Gruppenspiel
- **Material:** Feder

33 Dialog der Gefühle

Wenn Stumme und Taube miteinander reden, dann sind sie auf starke Gefühlsäußerungen angewiesen, die sie über ihre Gebärden und ihren Gesichtsausdruck vermitteln. Dies können die Kinder erleben, wenn sie Paare bilden, in denen der eine von nun an taub und der andere stumm ist. Der Taube stellt dem Stummen drei Fragen, die dieser gestisch und mimisch beantwortet. Anschließend werden die Rollen gewechselt.

- **Alter:** ab 5 bis 8 Jahre
- **Zeit:** 5 Minuten
- **Sozialform:** Paarspiel

Empathie entwickeln

Gefühle sind nicht nur Spiegelbilder unseres Selbst, sondern vor allem Fenster zu anderen Menschen. Im Laufe ihrer emotionalen Entwicklung müssen Kinder die schwierige Lektion lernen, über ihren Tellerrand zu schauen. Es geht um die Fähigkeit, die Gefühle anderer Menschen richtig zu erkennen und Mitgefühl zu entwickeln.
Nur wer bereit ist, sich auf den achtsamen Balanceakt zwischen der eigenen Gefühlswelt und der seiner Mitmenschen einzulassen, entdeckt den Schatz der Empathie (d. h. des Mitfühlens). Dies ist ein besonders wertvoller Schatz, denn er bildet den Kern unseres Menschseins, unseres Moralempfindens. Die Empathie bzw. das Einfühlungsvermögen bezeichnet die Fähigkeit eines Menschen, sich kognitiv in einen anderen hineinzuversetzen, seine Gefühle zu teilen und sich damit über dessen Verstehen und Handeln klar zu werden.

In einer sich schnell verändernden Gesellschaft ist Empathie eine wichtige Eigenschaft, um Veränderungen mitzubestimmen und mitzutragen, auf andere Werthaltungen und Normen einzugehen, sie in die eigene Person zu integrieren und neue soziale Rollen annehmen zu können. Ausgehend von unseren eigenen Erfahrungen fühlen wir uns in die Persönlichkeit eines anderen Menschen hinein. Aber das ist das Ergebnis eines langen Entwicklungswegs, den wir in der Kindheit oft mühsam und schmerzvoll Schritt für Schritt gehen müssen. Es gilt zu spüren, was andere empfinden, sich in ihre Lage zu versetzen und persönlichen Kontakt in enger Abstimmung mit den Bedürfnissen unterschiedlich geprägter Mitmenschen zu pflegen. Nur ein Kind, das gelernt hat, seine eigenen Gefühle ernst zu nehmen, wird auch die ihm unbekannten Gefühle anderer Menschen tolerieren und respektieren können. Und es wird durch die Beschäftigung mit anderen viel über sich selbst erfahren.

Die grundlegenden Lektionen der Empathie werden ganz früh entwickelt, z. B. im Austausch von Blicken und Lauten zwischen Mutter und Kind. Die bestätigenden Botschaften dieser Interaktionen geben dem Kind das beruhigende Gefühl, emotional verstanden zu werden und mit der geliebten Person verbunden zu sein. Kommunikationsmeister fallen jedoch nicht vom Himmel! So ist es durchaus normal, wenn ein sechsmonatiges Kind weniger am Kontakt mit anderen Kindern interessiert ist, als vielmehr daran, die Welt der Dinge mit allen Sinnen zu erkunden, an ihnen zu saugen oder damit auf den Boden zu hämmern.

Erst mit etwa 15 Monaten beginnen Kinder sich gegenseitig bewusst wahrzunehmen und sich miteinander zu beschäftigen. Jetzt ahmen sie eifrig die Erwachsenen nach und zeigen ihnen Gegenstände, um zu beobachten wie diese darauf reagieren. Zu diesem Zeitpunkt kann sich das Kind aber noch nicht in andere Menschen hineinversetzen. Noch lebt es gedanklich ganz im Hier und Jetzt, in der unmittelbaren Konfrontation mit Dingen und Menschen. Es vermag noch nicht über Vergangenes oder gar Zukünftiges nachzudenken. Sein Einfühlungsvermögen ist sehr schablonenhaft, und die Waagschalen seiner Gefühlswelt können rasch kippen.

Mit etwa drei Jahren vollzieht es einen für die Entwicklung seiner Empathie und seines Altruismus (d. h. seiner Selbstlosigkeit) bedeutsamen Wechsel: Von der besitzergreifenden Beziehung hin zur Fürsorge. Nun weiß es: „Das gehört mir, und ich sorge dafür." Im Unterschied zu den Kleineren können Schulkinder sich schon wesentlich besser in die Lage anderer Menschen hineinversetzen. Aber eine Schwachstelle haben auch sie noch lange: Im Austeilen sind sie stark, im Wegstecken jedoch sehr empfindlich.

In der späten Kindheit ist das Einfühlungsvermögen schon recht weit entwickelt. Jetzt ist das Kind in der Lage, den Kummer eines Einzelnen zu begreifen oder sich in die Notlage einer ganzen Gruppe (z. B. Arme, Unterdrückte, Diskriminierte) hineinzuversetzen. Dazu braucht es das Gespräch mit uns, über seine Gefühle und die seiner Mitmenschen. Nur aus dieser Konfrontation mit der Gefühlswelt der Erwachsenen lernt es allmählich, sich in andere hineinzudenken und hineinzufühlen.

34 Sag an, wie fühlst du dich?

Die Spielgruppe sitzt im Kreis auf der Erde. In der Kreismitte liegt ein Kind zusammengerollt und lässt sich von seinen Mitspielern wie ein Kreisel drehen. Auf den Mitspieler, zu dem es hinblickt, nachdem es zum Stehen kommt, zeigt es mit dem Finger und fragt mit geheimnisvoller Stimme: „Ich bin der weise Flaschengeist. Sag an, wie fühlst du dich und wie kann ich dir helfen?" Das angesprochene Kind erläutert nun seine Gefühlsstimmung und äußert seinen Hilfewunsch. Je nach Wunsch kann der Flaschengeist allein helfen oder er bittet die Mitspieler um Hilfe.

- **Alter:** ab 5 bis 9 Jahre
- **Zeit:** 5 bis 10 Minuten
- **Sozialform:** Gruppenspiel

35 Die blinde Fee

Die Kinder verteilen sich als Paare im Raum und stellen sich in ca. einem Meter Entfernung einander gegenüber auf: „Stellt euch vor, dass ihr riesige Urwaldbaum-Paare seid." Der Spielleiter sucht nun ein Kinderpaar für die Rollen *Fee* und *Zwerg* aus.
Ein Kind spielt mit verbundenen Augen die blinde Fee, die unbeschadet den Weg nach Hause finden möchte. Dazu braucht sie die Hilfe eines Sehenden. Der Zwerg, d. h. das zweite Kind, lotst die blinde Fee mit einem akustischen Signal (Klangschale, Klanghölzer, Triangel etc.) aus dem Wald der Urwaldriesen, ohne dass sie sich an einem der Bäume stoßen darf. Sollte sie nun doch einen Baum berühren, so muss das Spielpaar ausscheiden und ein neues darf sein Glück versuchen.

Tipp
Je geringer der Abstand der Baumriesen voneinander ist, je näher sich also die beiden Kinder eines jeden Paars gegenüberstehen, desto schwerer wird die Aufgabe für die blinde Fee und den Zwerg.

- **Alter:** ab 3 bis 9 Jahre
- **Zeit:** 5 Minuten
- **Sozialform:** Gruppenspiel
- **Material:** eine Augenbinde, ein Klangsignal (z. B. Klangschale, Triangel)

36 Mein Schätzchen

Alle Kinder gehen, von Musik begleitet, durch den Raum. Dabei gucken sie sich ein *Schätzchen* aus, d. h. einen Mitspieler, den sie besonders mögen. Dies muss unbedingt heimlich geschehen. Der Spielleiter erklärt: „Wenn die Musik stoppt, dann lauft ihr dreimal um euer Schätzchen herum. Wenn ihr euer Schätzchen ‚*umgarnt*' habt, dann meldet euch. Wer aber euer Schätzchen ist, das bleibt für immer euer Geheimnis!"

Tipp
Achtung: Schweigen ist hier oberstes Gebot! Nur wer es geschafft hat, dreimal um sein Schätzchen herumzugehen, kann behaupten, es erfolgreich *erobert* zu haben. Da sicher mehrere Kinder dasselbe Schätzchen umkreisen wollen, entstehen witzige Situationen und Konstellationen. Dieser Stopptanz ermöglicht Kindern auf lustige Weise, ihre heimlichen Vorlieben für bestimmte Mitspieler auszudrücken, ohne sich dabei *outen* zu müssen.

- **Alter:** ab 4 bis 8 Jahre
- **Zeit:** ca. 5 Minuten
- **Sozialform:** Gruppenspiel
- **Material:** Beschwingte Musik, z. B. „Marmorstein und Eisen bricht, aber unsere Liebe nicht …"

37 Kevin allein zu Haus

Die Kinder bilden einen Stehkreis von maximal 12 Personen. Dabei pressen sie ihre Schultern eng aneinander, wie in einem Kreis von Verschworenen. Alle Kinder senken den Kopf und blicken auf den Boden. Dann rufen sie gemeinsam: „Eins, zwei, drei!" Bei „drei" heben alle den Kopf und schauen geradeaus. Treffen sich die Blicke von zwei einander gegenüberstehenden Spielern, so kreischen sie kurz laut auf und verlassen den Kreis. Auf diese Weise wird der Kreis der Mitspieler immer kleiner, bis nur noch einer übrig bleibt. Dann rufen alle: „Kevin allein zu Haus!"

- **Alter:** ab 3 bis 10 Jahre
- **Zeit:** 5 bis 10 Minuten
- **Sozialform:** Gruppenspiel

38 Die Zwillingstürme

Hier gilt das Motto: „Gemeinsam sind wir stark!" Die Kinder bilden Paare. Auf dem Boden verteilt liegen einige Bausteine. Aufgabe eines jeden Paares ist es nun, zwei gleich hohe Türme zu bauen und sich dabei gegenseitig zu helfen. Jeweils einer der beiden Spieler bekommt die Augen verbunden. Er baut nun nach Anweisung seines sehenden Spielpartners den Turm so hoch wie möglich. Ist dies geschafft, wird gewechselt: Nun gibt der zuvor blinde Spieler seinem Partner die Augenbinde und erteilt ihm die Anweisungen für den Bau des zweiten Turms, der neben dem ersten in gleicher Höhe errichtet werden muss. Das Ziel ist erreicht, wenn beide Türme unbeschadet mit einer Querbrücke (z. B. einem längeren Baustein, einem Stock o. Ä.) verbunden werden können.

- **Alter:** ab 3 bis 8 Jahre
- **Zeit:** 10 bis 20 Minuten
- **Sozialform:** Paarspiel
- **Material:** Bausteine, Augenbinde

39 Ich spüre dich!

Die Kinder bilden Paare, wobei jeweils ein Kind aus jedem Paar mit dem Rücken zu seinem Partner steht oder sitzt. Nun erhält es von ihm eine sanfte Rückenmassage. Der Masseur drückt hierbei unterschiedlich viele Finger von einer Hand oder beiden Händen sanft in den Rücken, auf die Schultern oder in die Taille seines Partners. Dieser muss nun die jeweilige Anzahl der Finger erraten, die ihn berühren. Nach einigen Minuten werden die Rollen gewechselt.

Tipp
Bei dieser sanften Fingerübung, die das Einfühlungsvermögen der Kinder füreinander fördert, ist es ratsam, absolut still zu sein, um sich optimal in den Mitspieler hineinversetzen zu können.

- **Alter:** ab 3 bis 7 Jahre
- **Zeit:** 3 bis 5 Minuten
- **Sozialform:** Paarspiel

40 Kleiner Dino, komm heraus!

Ein Kind hockt sich in eine Höhle. Wenn seine Mitspieler rufen: „Kleiner Dino, komm heraus! Wie sieht dein Gefühl heut' aus?", dann kriecht es hervor und zeigt mimisch und gestisch seine Gefühlsstimmung. Aufgabe der anderen Kinder ist es nun, zu erraten, welches Gefühl (Trauer, Freude usw.) der kleine Dino gezeigt hat und zu erklären, wie er sich wohl dabei fühlt.

Tipp
Die Höhle kann draußen auch als Blätterdach gebaut werden oder drinnen aus einem Tisch und einer darüber hängenden Decke bestehen. Achten Sie darauf, dass die Kinder das Gefühl nicht nur als Substantiv benennen, sondern es auch mit vielen Adjektiven beschreiben. So bereichern sie allmählich ihren emotionalen Wortschatz.

- **Alter:** ab 3 bis 6 Jahre
- **Zeit:** 5 bis 10 Minuten
- **Sozialform:** Gruppenspiel
- **Material:** Baumaterial für eine Höhle, z. B. ein Tisch und eine Decke

41 Wenn zwei bis drei zählen!

Die Spieler bilden Paare, die einander gegenüberstehen. Wenn Sie bislang geglaubt haben, es wäre kinderleicht, zu zweit bis drei zu zählen, dann probieren Sie erst einmal alle Schwierigkeitsstufen aus:

- Stufe 1: Einer der beiden Spieler beginnt und sagt „eins", sein Partner antwortet ihm mit „zwei", darauf erwidert der erste Spieler „drei". Dann beginnt es erneut mit „eins", und so geht es in immer schnellerem Tempo weiter.
- Stufe 2: Jetzt wird die Zahl „eins" von beiden Spielern nicht mehr ausgesprochen, sondern durch eine Bewegung ersetzt, also z. B. das Heben des rechten Arms. Die Zahlen „zwei" und „drei" werden jedoch weiterhin ausgesprochen.
- Stufe 3: Nun wird auch die Zahl „zwei" durch eine Bewegung (z. B. das Stampfen mit einem Fuß oder die Berührung der Stirn mit der Faust etc.) ersetzt.

Wenn beide Partner auch noch bei Stufe 3 rasch und fehlerfrei miteinander zählen können, dann klappt es mit ihrem gegenseitigen Einfühlungsvermögen hervorragend!

Alter: ab 3 Jahre
Zeit: 3 bis 5 Minuten
Sozialform: Paarspiel

42 Auf dem Planeten der Magneten

Bei diesem Spiel kommt es auf die Anziehungskraft an! Die Spielleiterin ernennt einen oder mehrere Kinder zu Magneten, die nun anziehend auf alle anderen Mitspieler wirken. Die Magneten bewegen sich langsam oder schnell durch den Raum, hüpfend oder laufend, gebückt oder aufrecht. Dabei zeigt ihr Gesicht eine gefühlvolle Mimik (z. B. traurig, fröhlich usw.). Die anderen Mitspieler werden von diesen Magneten angezogen, d. h., sie bewegen sich in großer Nähe zu ihnen und ahmen ihre Bewegungen nach. Je näher sie den Magneten kommen, umso genauer müssen sie auch deren Mimik imitieren.

Variante
Auf dem Planeten der Magneten geht's noch turbulenter und lustiger zu, wenn plötzlich alle Spieler magnetische Kraft haben.

Alter: ab 3 bis 8 Jahre
Zeit: 5 bis 10 Minuten
Sozialform: Gruppenspiel

43 Blindenführung

Vertrauen steht hier im Mittelpunkt, und zwar sowohl das Vertrauen in die eigene Person als auch die Sicherheit, sich blind auf den Partner verlassen zu können. Die Kinder bilden zunächst Paare. Dann erhält eines aus jedem Paar eine Augenbinde und spielt von nun an den Blinden, der

hilf- und orientierungslos ist. Das andere Kind nimmt seinen Partner an die Hand und führt ihn durch den Raum, zunächst langsam, mit wachsendem Vertrauen aber, allmählich immer schneller. Dabei achtet es darauf, dass sein blinder Partner keinen Schaden erleidet, also nirgendwo anstößt oder stolpert. Weiter geht's mit vertauschten Rollen!

Tipp
Je öfter Kinder diese Blindenführung spielen, desto schwerer kann der zu bewältigende Weg (wechselnde Hindernisse, holpriger Untergrund, zwischen mehreren Bäumen hindurchgehen usw.) sein.

Variante
Das blinde Kind kann von seinem Partner auch mithilfe von Geräuschen durch den Raum geführt werden. Das schult neben dem Vertrauen auch den Gehörsinn.

Alter:	ab 3 bis 7 Jahre
Zeit:	5 bis 10 Minuten
Sozialform:	Paarspiel
Material:	Augenbinde

44 Die drei Seiten

Der Spielleiter zeigt der Gruppe bzw. Klasse ein doppeldeutiges Bild aus dem Bereich der optischen Täuschungen (z. B. eine Darstellung, in der sich zugleich das Bild einer alten und einer jungen Frau verbirgt). In einem gemeinsamen Gespräch wird erarbeitet, dass

- ein- und dieselbe Situation je nach persönlichem Blickwinkel unterschiedlich gesehen werden kann,
- also die Wahrnehmung und das Denken von unseren individuellen Erfahrungen oder Vorlieben beeinflusst werden,
- ein Sachverhalt mindestens drei Seiten hat: die Seite, die ich sehe, die Seite, die der andere sieht und (das ist überaus wichtig!) eine Seite, die beide nicht sehen.

Aufbauend auf diesen Grundlagen kann der Spielleiter der Gruppe bzw. Klasse nun einen Zeitungsbericht vorlesen. Darin wird kurz ein Ereignis (ein Unfall, Überfall, Lottogewinn usw.) beschrieben, das unterschiedliche emotionale Positionen (des Opfers, des Täters, des Lottoboten, des Gewinners etc.) beinhaltet. Diese diversen Sichtweisen werden dann gemeinsam in der Gruppe oder als Partnerübung schriftlich, mündlich oder auch als Rollenspiel herausgearbeitet.

- **Alter:** ab 12 Jahre
- **Zeit:** 15 bis 30 Minuten
- **Sozialform:** Paar- oder Gruppenspiel
- **Material:** Bilder von optischen Täuschungen, Zeitungsartikel

45 Augen können nicht lügen!

Die Kinder bilden Paare und sitzen sich gegenüber. Eines von ihnen hält sich ein Tuch vors Gesicht, und zwar so, dass Mund und Nase verdeckt sind, die Augen jedoch sichtbar bleiben. Der jeweilige Spielpartner versucht nun anhand der Augenmimik zu erkennen, welchen Gesichtsausdruck das verschleierte Kind annimmt, also z. B. einen lachenden, einen traurigen, einen wütenden oder einen erstaunten.

Variante

Ein Mitspieler oder der Spielleiter sitzt verschleiert in der Kreismitte. Wer zuerst seinen Gesichtsausdruck richtig errät, hat gewonnen und darf nun ein neues *verschleiertes* Gefühl aufführen.

- **Alter:** ab 4 bis 8 Jahre
- **Zeit:** 5 Minuten
- **Sozialform:** Paar- oder Gruppenspiel
- **Material:** Tücher

Soziale Kompetenz erwerben

Von Geburt an stehen wir im Spannungsfeld zwischen unseren egoistischen Bedürfnissen und der starken Sehnsucht, eine Gemeinschaft von Menschen zu finden, der wir uns zugehörig fühlen.

In der Kindheit lernen wir Schritt für Schritt die sozialen Konventionen und ethischen Strukturen unseres Kulturkreises kennen. Dagegen sind die Regeln der Grammatik geradezu ein Kinderspiel! So muss jedes Kind lernen, dass es zwar auf die Trommeln, nicht aber auf die Köpfe seiner Spielgefährten schlagen darf, oder dass es, während es angeregt mit anderen Kindern spielt, bei seinem besten Freund Eifersuchtsgefühle auslösen kann. Das Bewerfen mit Sand oder ein herzhafter Biss in den Arm des Spielgefährten gehören so lange zum Forscherdrang eines Kindes, bis ihm seine Spielgefährten die kulturell gewachsenen Grenzen des sozialen Miteinanders aufzeigen.

So erwirbt das Kind im spielerischen Miteinander allmählich – und oft schmerzlich – seine Sozialkompetenz, die Fähigkeit, Kontakte zu knüpfen, tragfähige Beziehungen und ein gutes Beziehungsmanagement zu gestalten. Doch bevor es diese hohe Stufe der emotionalen Intelligenz erreicht, muss es über ein Mindestmaß an Selbstkontrolle verfügen und – nach Ansicht des amerikanischen Kognitionspsychologen Howard Gardner (vgl. Abschied vom IQ. Die Rahmentheorie der vielfachen Intelligenzen, Stuttgart 1991, S. 218 ff.) – vier Fähigkeiten erwerben:

- Gruppen organisieren: Hier geht es darum, die Gruppenbildung zu initiieren und zu koordinieren. Dies machen Kinder, wenn sie z. B. auf dem Spielplatz als Mannschaftskapitän bestimmen, was gespielt wird und wer mitspielen darf.
- Lösungen aushandeln: Dies ist die Fähigkeit, als Vermittler mit diplomatischem Geschick Konflikte zu verhindern oder zu lösen.
- Persönliche Verbindung: Dabei kommt es darauf an, mit Empathie die hohe Kunst der Beziehungsknüpfung und -pflege zu beherrschen.

- Soziale Analyse: Hierbei handelt es sich um die Kompetenz, die Gefühle, Motive und Anliegen einer ganzen Gruppe entdecken, verstehen und respektieren zu können.

Wer diese sozialen Fähigkeiten besitzt, ist ein *sozialer Star:* Er vermag eine entspannte zwischenmenschliche Atmosphäre zu schaffen, neue Begegnungen zu knüpfen, alte Freundschaften zu pflegen, andere Menschen zu mobilisieren, zu inspirieren, zu überzeugen und aus all seinen Sozialkontakten Neues zu lernen.

Sozial kompetente Menschen wissen, dass Emotionen ansteckend sind, und sie beherrschen die emotionale Synchronisation: Wenn Menschen sich auf die Stimmungen anderer einstellen oder andere leicht in den Bann ihrer eigenen Stimmungen ziehen können, dann laufen die Interaktionen auf der emotionalen Ebene reibungsloser ab.

All dies lernen Kinder besonders gut in Freundschaften. Hier finden sie heraus, wer sie sind und wohin sie gehören; hier lernen sie, sich sowohl von anderen abzugrenzen als auch in einer friedlichen Gemeinschaft mit ihnen zu leben. Dabei ist jedoch zu bedenken: Freundschaften von Kindern entwickeln sich allmählich. Sie sind nicht mit unserem reifen Freundschaftsbegriff zu vergleichen (Mehr dazu in: Charmaine Liebertz, Das Schatzbuch der Herzensbildung, Don Bosco Verlag, München 2005, S. 133).

Zu den größten Leistungen im Bereich der sozialen Kompetenz zählt es zweifellos, einen Konflikt konstruktiv für alle Beteiligten zu lösen. Im Laufe seiner Entwicklung baut das Kind erst allmählich das erforderliche Repertoire an Strategien auf, um Konflikte erfolgreich zu bewältigen: Ein wutschnaubender Sechsjähriger, der die Gründe für seine Aggression noch nicht benennen kann, wird sicher nicht in der Lage sein, mit seinem Kontrahenten zu diskutieren. Er wird die Gelegenheit nutzen, seine körperliche Schlagkraft zu testen. Von einem Zehnjährigen, der bereits in der Lage ist, seine verletzten Gefühle zu erläutern, sollte man jedoch erwarten können, dass er die Fäuste in der Tasche ballt und nur seine verbale Schlagkraft zur Verteidigung einsetzt.

Die sozialen Interaktionen von Kindern können gnadenlos sein: Der Schüchterne wird gehänselt, der Brillenträger ausgelacht und der Angeber scheint der Gewinner zu sein, weil seine Mutter ein Mercedes-Cabrio fährt. Aber keine Sorge – dies ist nicht von langer Dauer. Je älter das Kind wird, desto differenzierter wird es auch in seinen sozialen Urteilen und emotionalen Verhaltensweisen. Allmählich entdeckt es die Hohlheit des Angebers, die interessante Seite des Brillenträgers und die Warmherzigkeit des Schüchternen. Aber bei dieser Entdeckungsreise in die Welt der vielfältigen Individuen braucht es unsere Hilfe, unser Vorbild.

Prinzeneltern, also Eltern, die ihre Kinder vor jeglichem zwischenmenschlichen Leid schützen möchten, sind da wenig hilfreich. Sie können keine Grenzen setzen, gewähren ihren Kindern jeden Wunsch und klagen dann über deren grenzenloses Verhalten. Diese Eltern werden von Kindern als unsicher, schwach und daher beherrschbar angesehen. Die Einsicht, dass es Grenzen, Probleme und Konflikte zwischen Menschen gibt, die man anerkennen, meistern oder aushandeln muss, gedeiht eben nur im konflikt- und leidensreichen Alltag der großen Gefühle und kleinen Kräche.

46 Das Gewitter

Die Kinder sitzen im Stuhlkreis und schließen ihre Augen. Falls erforderlich, verbindet ihnen die Spielleiterin die Augen. Dann erzählt sie eine spannende Wettergeschichte, die voller Sonne beginnt und mit einem heftigen Gewitter endet. Dabei untermalt sie ihre Worte mit folgenden Geräuschen, die bei ihr starten und nacheinander im Kreis von Kind zu Kind weitergegeben werden:

- Sonne → Stille
- Nieselregen → Hände fest aneinanderreiben
- kleine Regentropfen → mit den Fingern schnippen
- starker Regen → fest in die Hände klatschen
- prasselnder Regen → mit den Händen auf die Oberschenkel schlagen
- starkes Gewitter → mit den Füßen trampeln

Tipp

Da die Kinder mit geschlossenen Augen spielen, müssen sie genau hinhören, ob das nächste Geräusch schon bei ihnen angelangt ist, um es dann ihrem Nachbarn weitergeben zu können. Dabei lernen sie, ihre Impulse zu kontrollieren, zu warten, bis sie an der Reihe sind, ihren Gehörsinn zu schärfen, auf andere Kinder Rücksicht zu nehmen und ihre Energie abzubauen.

Variante

Rasch kann die Sonne wieder scheinen, wenn die Geschichte nunmehr in der umgekehrten Abfolge erzählt wird, also vom heftigen Gewitter zurück zur strahlenden Sonne.

Alter:	ab 4 bis 9 Jahre
Zeit:	10 Minuten
Sozialform:	Gruppenspiel
Material:	eventuell Augenbinden

47 Der Kummerkasten

Wo Kinder zusammen spielen und lernen, da muss ein Kummerkasten her! „In ihm ist viel Platz für eure Sorgen. Schreibt auf Zettel, was euch in der Gruppe (bzw. Klasse) Kummer bereitet. Bitte entscheidet selbst, ob euer Zettel anonym bleibt oder ob ihr ihn unterschreiben wollt!"

Tipp
Legen Sie gemeinsam mit den Kindern Regeln fest, also z. B.: Einmal in der Woche (oder im Monat) wird der Kummerkasten geleert. Diese Aufgabe übernimmt ein von den anderen gewähltes Kind. Dann werden die Kummerzettel am Anfang der Woche (bzw. des Monats) vorgelesen und besprochen.

- **Alter:** ab 8 bis 12 Jahre
- **Zeit:** ca. 10 bis 20 Minuten für die Besprechung
- **Sozialform:** Gruppenspiel
- **Material:** Kummerkasten (am besten selbst gebastelt)

48 Mühle mit Menschen

Sicher kennen Sie das bewährte Brettspiel *Mühle*. Nun erwecken wir es als Bewegungsspiel mit sozialer Interaktion zu neuem Leben: Stellen Sie neun Stühle in Dreierreihen im gleichen Abstand voneinander auf. Teilen Sie die Kinder in zwei Mannschaften zu je drei Personen ein. Jede Mannschaft benötigt ein gemeinsames Merkmal (blaue Pullis, hochgekrempelte Ärmel o. Ä.), an dem sie die zu ihr gehörenden Mitspieler erkennen kann. Zu Beginn stehen alle sechs Teilnehmer außerhalb des Stuhlfeldes. Dann beginnt das Spiel, und zwar nach den Regeln des *Mühle*-Brettspiels: Die Mitglieder der beiden Mannschaften setzen sich also Zug um Zug auf die Stühle und versuchen, für ihre Mannschaft eine Mühle zu erzielen, d. h., die drei Mitspieler eines Teams sitzen entweder vertikal, horizontal oder diagonal in einer Reihe.

Tipp
Übrigens: Mit einem auf dem Boden gezeichneten Spielfeld lassen sich viele andere Brettspiele (z. B. *Mensch ärgere Dich nicht!*) zum Leben erwecken:

- **Alter:** ab 9 bis 14 Jahre
- **Zeit:** 20 bis 40 Minuten
- **Sozialform:** Gruppenspiel
- **Material:** Stühle

49 Blinde Architekten

Alle Kinder tragen Augenbinden und stehen verteilt im Raum. Der Spielleiter erklärt: „Bitte streckt eure Hände nach vorne aus. Darin lege ich euch gleich ein Stück eines dicken Seiles, das euch von nun an als Gruppe verbindet. Wenn ihr mein Startsignal hört, dann beginnt gemeinsam aus dem Seil ein großes Rechteck zu formen."

Tipp

Die beste Lösung ist es, das Seil auf der Erde liegend zum Rechteck zu formen. Doch bis das gelingt, *knistert* es förmlich vor Gruppendynamik: Wer übernimmt das Kommando, wer wird die Ecken bilden, wer überprüft das Gelingen des Rechtecks, wie viel Zeit benötigt die Gruppe zur Einigung, geht sie dabei konfus oder zielgerichtet vor? Es ist ratsam, dass zwei Beobachter diesen gruppendynamischen Prozess protokollieren.

Variante

Die Gruppe kann aus dem Seil auch ein Dreieck oder einen Kreis formen.

- **Alter:** ab 9 Jahre
- **Zeit:** ca. 10 bis 20 Minuten
- **Sozialform:** Gruppenspiel
- **Material:** Augenbinden, ein dickes Seil

50 Die Eisprinzen

Der Spielleiter ernennt ein Kind zum Eisprinzen (bzw. zur Eisprinzessin), der ein Erkennungszeichen (z. B. eine Pudelmütze) trägt. Alle Kinder gehen langsam durch den Raum. Berührt der Eisprinz ein Kind mit seiner eisigen Hand, so erstarrt dieses sofort zu einem Eiswürfel, d. h., es geht in die Hocke und verharrt regungslos am Boden. Wer sich von diesem eisigen Fluch befreien möchte, ruft laut: „Hilfe!" und wartet, bis zwei Mitspieler herbeieilen. Sie zelebrieren dann das erlösende Ritual: Sie nehmen das zum Eiswürfel gefrorene Kind in ihre Mitte, bewegen mehrmals ihre Arme über seinem Kopf und bringen es so in wenigen Minuten zum *Schmelzen*. Nun kann es wieder beschwingt durch den Raum laufen. Zwischenzeitlich hat der Eisprinz natürlich weitere Kinder zu Eiswürfeln verzaubert, die wiederum Hilfe brauchen. So entsteht ein lustiges Wechselspiel zwischen Einfrieren und Auftauen, bei dem jeder auf jeden angewiesen ist.

😊	**Alter:**	ab 4 bis 9 Jahre
🕐	**Zeit:**	5 bis 10 Minuten
🌼	**Sozialform:**	Gruppenspiel

51 Expedition zum Nordpol

Die Kinder stellen so viele Stühle auf, wie es Mitspieler gibt, und zwar, wie es in der bekannten *Reise nach Jerusalem* üblich ist. „Doch diesmal spielt ihr ein Expeditionsteam, das den Nordpol erforscht. Jeder ist auf jeden angewiesen, denn hier herrscht klirrende Kälte, und vor allem die Wassertemperatur ist eisig. Ihr habt mit eurem Team keinen festen Boden, sondern nur Eisschollen unter den Füßen, die immer wieder abbrechen. Achtung: Keiner aus eurem Team darf mit den Füßen zu lange das Wasser berühren, denn sonst stirbt er den Erfrierungstod!" Dann setzt sich der Expeditionstrupp in Bewegung und umkreist langsam gehend die Stuhlreihe (d. h. die große Eisscholle). Immer wieder brechen Stücke von ihr ab, d. h., der Spielleiter entfernt einen oder gar zwei Stühle. Wenn die Musik verstummt oder ein Klangsignal ertönt, versuchen alle Kinder, auf den verbliebenen Stühlen einen Platz zu finden, und zwar sitzend, stehend oder auf den Knien der Mitspieler liegend. Dabei darf kein Kind mit seinen Füßen den Boden (d. h. das eiskalte Wasser) berühren. Die Größe des Expeditionsteams bleibt also gleich, niemand scheidet aus, nur die Anzahl der Stühle verringert sich. Je weniger Stühle übrig bleiben, desto mehr ist Teamgeist gefragt. Auf diese Weise entstehen die tollsten Menschen-Pyramiden!

😊	**Alter:**	ab 4 bis 12 Jahre
🕐	**Zeit:**	10 bis 15 Minuten
🌼	**Sozialform:**	Gruppenspiel
✏️	**Material:**	Klangsignal

52 Teamball

Der Spielleiter teilt die Spieler in zwei gleich große Gruppen ein und zählt als Schiedsrichter die erzielten Punkte. Jede Gruppe wählt zunächst einen *Werfer* und einen *Fänger*. Nun kann's losgehen: Der Werfer der ersten Gruppe wirft den Ball weg, seine Mitspieler rücken eng zusammen und bilden ein dichtes Knäuel. Nun läuft der Werfer so schnell und so oft er kann um seine Gruppe herum. Jede Runde, die er schafft, zählt als ein Punkt. Der Fänger der zweiten Gruppe fängt den geworfenen Ball, während seine Mitspieler mit gegrätschten Beinen in einer Reihe hintereinander stehen. Dann läuft der Fänger an den Anfang der Reihe und gibt den Ball durch seine Beine weiter nach hinten, ebenso die hinter ihm stehenden Teammitglieder. Ist der Ball beim letzten Spieler angekommen, ruft dieser: „Halt!". Auch hier zählt jeder geschaffte Durchlauf als ein Punkt.
Dann folgt die zweite Runde, mit Aufgabenwechsel.

Tipp

Dieses Spiel ist bei Kindern bis ins Teeniealter beliebt. Da es dabei sehr temperamentvoll zugehen kann, sind unbedingt feste Regeln erforderlich:

- Wie weit und wohin darf der Ball geworfen werden?
- Wie muss der Ball durch die Beine gereicht werden, bekommt z. B. bei Bodenberührung die gegnerische Gruppe einen Punkt?

Alter: ab 4 bis 14 Jahre
Zeit: 10 bis 15 Minuten
Sozialform: Gruppenspiel
Material: Ball

53 Die Orgelpfeifen

Zunächst wird ein Kreis aus Stühlen gebildet. Dann ziehen alle Kinder ihre Schuhe aus und stellen sich auf je einen der Stühle. Der Spielleiter erklärt: „Sicher habt ihr schon mal eine Orgel gesehen, deren Orgelpfeifen nach Größe oder Tonlage geordnet stehen. Ihr spielt nun lebende Orgelpfeifen, die unterschiedliche Aufgaben lösen sollen. Während ihr die Aufgabe löst, bleibt ihr mit beiden Füßen auf den Stühlen und berührt auf keinen Fall den Boden. Achtung, hier kommt die erste Aufgabe: Bitte sortiert euch der Größe nach in der richtigen Reihenfolge!" Die Kinder balancieren nun vorsichtig auf den Stühlen aneinander vorbei und helfen sich gegenseitig, damit niemand den Boden berührt. Jetzt ist Teamarbeit gefragt!

Variante
Bei diesem Spiel sind viele Sortieraufgaben möglich, z. B. nach Geburtsdatum, Haarfarbe, Anfangsbuchstaben des Namens.

- **Alter:** ab 5 bis 10 Jahre
- **Zeit:** 5 bis 10 Minuten
- **Sozialform:** Gruppenspiel

54 Stumme Bildhauer

Die Kinder bilden Gruppen von je vier Personen. Auf jedem Gruppentisch liegt Modelliermasse (z. B. Ton). Der Spielleiter erklärt: „Heute entsteht ein Stillleben ganz besonderer Art, nämlich ein dreidimensionales. Dabei ist Schweigen oberstes Gebot! Formt solange gemeinsam an einer großen Skulptur, bis ihr mein Klangsignal hört. Dann wechselt ein Kind aus jeder Gruppe im Uhrzeigersinn zur benachbarten Gruppe. Dort formt es an der Skulptur der neuen Gruppe weiter. Absprachen sind dabei strengstens verboten!"

Tipp
Die ideale Gruppenstärke für dieses Spiel liegt bei vier bis sechs Kindern. Spannend ist es, zu beobachten, ob ein Kind allein vor sich hin formt, ob es Gruppenprozesse initiiert oder sich ihnen eher unterordnet. Erklären Sie den Kindern, dass ein Stillleben eigentlich eine Gattung der Malerei ist, bei der nur unbelebte Gegenstände (Früchte, Geschirr, totes Wild u. a.) dargestellt werden.

- **Alter:** ab 6 bis 12 Jahre
- **Zeit:** 30 bis 60 Minuten
- **Sozialform:** Gruppenspiel
- **Material:** Modelliermasse, Klangsignal

55 Knack die Nuss!

Der Spielleiter teilt die Mitspieler in zwei eventuell geschlechtsspezifisch sortierte Gruppen ein und gibt ihnen eine *Nuss* zu knacken, d. h. eine

Geschichte, in der mehrere Personen unterschiedliche Meinungen vertreten, also z. B. einen familiären Streit zwischen Eltern und Kind oder eine Schulregel, die der Lehrer zu vertreten hat, die seine Schüler jedoch als ungerecht empfinden. Die Mitspieler einer jeden Gruppe nehmen die verschiedenen Rollen ein, die die Geschichte ihnen vorgibt. Nun heißt es: „Denkt und fühlt euch, so gut es geht, in eure neue Rolle hinein. Wie denkt und fühlt dieser Mensch, welche Meinung und Argumente könnte er haben? Nun spielt diesen Menschen innerhalb eurer Gruppe und vertretet seine Meinung. Das Ziel der Gruppe ist es, eine gemeinsame Lösung zu finden!" Am Schluss geben beide Gruppen ihre Lösungsvorschläge im Plenum bekannt, wo sie – falls erforderlich – erneut diskutiert werden.

Tipp
Dieses Rollenspiel eignet sich nur für ältere Kinder und Jugendliche, denn es erfordert das große Repertoire der emotionalen Intelligenz: Empathie, Impulskontrolle, die Fähigkeit, den eigenen Standpunkt infrage zu stellen und den eines anderen Menschen zu respektieren, seine individuelle Meinung der Gruppenlösung unterzuordnen usw.

- **Alter:** ab 10 bis 99 Jahre
- **Zeit:** 15 bis 30 Minuten
- **Sozialform:** Gruppenspiel
- **Material:** eine kontroverse Geschichte (evtl. aus der Tagespresse)

56 Der Brückenlauf

Bei diesem Spiel ist nicht nur Geschicklichkeit, sondern vor allem auch Teamarbeit gefragt! Wenn der Spielleiter die Kinder in zwei Gruppen eingeteilt und einen Steg bzw. eine Brücke (z. B. eine Kreidemarkierung oder ein breites Stoffband) auf den Boden gelegt hat, kann's losgehen! Nun begegnen sich zwei Mitspieler – jeweils einer aus jeder Gruppe – auf der schmalen Brücke und versuchen, aneinander vorbeizubalancieren, ohne dabei mit den Füßen das kalte Wasser, d. h. den Boden zu berühren. Das gelingt nur mit gegenseitiger Hilfe, viel Absprache und behutsamer Rücksichtnahme.

Tipp
Sicher ist es interessant, nach Spielende mit den Kindern zu besprechen, wie die einzelnen Spieler reagiert haben, welche verbalen oder gestischen Absprachen getroffen wurden, welche Verhaltensweise ein Gelingen oder ein Scheitern nach sich zog.

- **Alter:** ab 6 bis 11 Jahre
- **Zeit:** 10 Minuten
- **Sozialform:** Gruppenspiel
- **Material:** Kreide oder ein Stoffband für den Steg

57 Im Nebel ...

... mangelt's den Kindern an freier Sicht, denn sie gehen mit verbundenen Augen durch den Raum. Nur anhand von Lauten (z. B. aus einem Nebelhorn, einer Hupe, von Klingeltönen usw.) können sie Zusammenstöße vermeiden und sich geschickt aneinander vorbeibewegen.

Tipp
Hier wird nicht nur die akustische Aufmerksamkeit, sondern auch die Sensibilität des Einzelnen in der Gruppe geschult.

- **Alter:** ab 4 bis 9 Jahre
- **Zeit:** 5 Minuten
- **Sozialform:** Gruppenspiel

Fortbildungstipp:
Spieletag zur Herzensbildung

*„Beim Spiel kann man einen Menschen
in einer Stunde besser kennenlernen,
als im Gespräch in einem Jahr."*
Platon

Wir hoffen, dass dieses Buch Ihnen, liebe Erzieherinnen und Erzieher, Lehrerinnen, Lehrer und Eltern viele Anregungen zur Förderung der emotionalen Intelligenz eröffnet hat. Aber ein Spielebuch bleibt so lange nur ein theoretisches Werk, bis seine Spiele durch gemeinsame Erfahrung zum Leben erweckt werden.
Daher entwickelte die Herausgeberin des Buches – die Gesellschaft für ganzheitliches Lernen e.V. – einen mobilen „Spieletag zur Herzensbildung", den Sie bundesweit abrufen können. Auf Anfrage kommen wir gerne in Ihre Einrichtung und bilden Ihr Team bzw. Kollegium oder die Eltern weiter. Sie erfahren, wie Gefühle das Lernen und die Merkfähigkeit beeinflussen, und erleben viele Spiele zur Förderung der emotionalen Intelligenz. Die Gesellschaft für ganzheitliches Lernen e.V.

- ist ein gemeinnütziger Verein engagierter Fachleute aus der Pädagogik, Psychologie, Biologie und Medizin.
- informiert über die neuen wissenschaftlichen Erkenntnisse aus der Hirn- und Lernforschung.
- hat ein ganzheitliches Erziehungs- und Lernkonzept entwickelt.
- fördert den Dialog zwischen Eltern, Pädagogen und Therapeuten
- leistet pädagogische Prävention, damit Kinder nicht in den *Therapie-Brunnen* fallen.
- bildet *Trainer zum ganzheitlichen Lernen* aus.
- entwickelt ganzheitliche Lernspiele für Kindergarten und Schule.
- berät Einrichtungen bei ihrer Konzeption.
- betreut Sie bei Ihrer Qualitätssicherung und verleiht das Zertifikat *Ganzheitliches Lernen*.

Unsere Seminare sind bekannt für ihre optimale Verknüpfung von Theorie und Praxis, ihre wissenschaftlich fundierten Inhalte und ihre sofort im Alltag umsetzbaren Methoden und Spiele.

Bei Interesse wenden Sie sich bitte an:
Gesellschaft für ganzheitliches Lernen e.V.
Institutsleiterin Dr. Charmaine Liebertz
Zülpricher Platz 18
50674 Köln
Tel.: 02 21/9 23 31 03
Fax: 02 21/9 23 31 99
E-Mail: c.liebertz@ganzheitlichlernen.de
www.ganzheitlichlernen.de

Spiele-Register

Ach wie gut, dass niemand weiß, wie mein Gefühl heißt! 21
Achtung Ampel! 26
Auf dem Planeten der Magneten 54
Augen auf! 16
Augen können nicht lügen! 57
Blinde Architekten 64
Blindenführung 55
Dampf ablassen! 26
Das Gefühle-Puzzle 18
Das Gewitter 62
Das muntere Gesicht 13
Das sinnliche Gesicht 17
Das Wasser kocht! 29
Der Brückenlauf 70
Der Ehrenball 44
Der Kopierer 44
Der Kummerkasten 63
Dialog der Gefühle 46
Die blinde Fee 49
Die drei Seiten 56
Die Eisprinzen 65
Die Glückstauscher 40
Die Lernbörse 38
Die Orgelpfeifen 68
Die Trostschaukel 30
Die Waschmaschine Clementine 31
Die Zwillingstürme 51
Du eckige Olive! 30
Ein Einbaum geht auf Reisen 33
Expedition zum Nordpol 66
Frau Gräfin, die Pferde sind gesattelt! 16
Gefühle gestalten 20
Gemeinsam sind wir stark! 15

Hexe, Hexe, was kochst du heute? 27
Ich spüre dich! 52
Im Nebel ... 71
Kevin allein zu Haus 51
Kleine Feder, weck mich! 45
Kleiner Dino, komm heraus! 53
Knack die Nuss! 69
Lasst uns alle! 41
Maskenball 19
Mein Entwicklungskoffer 37
Mein Freund, der Baum 42
Mein Hut 34
Mein Schätzchen 50
Mühle mit Menschen 63
Ring frei für das Po-Duell! 28
Sag an, wie fühlst du dich? 49
Schalt mich ein, schalt mich aus, die Gefühle müssen raus! 32
Sesam, öffne dich! 38
Stumme Bildhauer 69
Tanz der Gefühle 14
Teamball 67
Wenn, dann! 22
Wenn Optimisten fallen 43
Wenn zwei bis drei zählen! 54

Die Gesellschaft für ganzheitliches Lernen e.V.

Die Gesellschaft für ganzheitliches Lernen ist ein gemeinnütziger Verein mit engagierten Gründungsmitgliedern aus den Bereichen Pädagogik, Psychologie und Medizin. Wir haben praxisrelevante Seminare, Fachtagungen und Lehrgänge zum hirngerechten, ganzheitlichen Lernen erarbeitet.

Immer mehr Kinder leiden unter Wahrnehmungs-, Konzentrations- und Bewegungsstörungen. Sie entwickeln sich zu unausgeglichenen *Zappelphilippen* und aggressiven kleinen *Rambos*. Ein Heer von Therapeuten ist inzwischen mit diesen Problemen beschäftigt.

Wir dagegen möchten mit unserem mobilen Fortbildungsangebot einen Beitrag zur pädagogischen Prävention leisten. Wir möchten Pädagogen und Eltern befähigen, die Chancen und Gefahren der *neuen Kindheit* zu erkennen und rechtzeitig ganzheitliche Lernmethoden und -spiele einzusetzen, um Kinder vor dem *Therapiebrunnen* zu bewahren.

Wir haben Pädagogen als Trainer der Gesellschaft für ganzheitliches Lernen weitergebildet. Sie werden von uns regelmäßig geschult und betreut. So können wir überall in Deutschland, Österreich und Belgien unsere Seminare für Eltern, Erzieher, Lehrer und Therapeuten abhalten.

Unsere Seminare finden mobil vor Ort in den Einrichtungen (Kindergärten, Schulen, Elterninitiativen, Fortbildungsinstitute usw.) statt, sodass wir auf die konkreten Wünsche und Bedürfnisse eines Teams eingehen können. Die Seminare zeichnen sich aus, durch wissenschaftlich fundierte Erkenntnisse aus der Hirn- und Lernforschung, praxisorientierte Spiele und eine ganzheitliche Vermittlungsmethode. Gerne beraten wir Einrichtungen bei der Ausarbeitung ihrer ganzheitlichen Konzeption.

Wir verstehen Lernen als lebenslangen und ganzheitlichen Reifungsprozess und möchten das Heranwachsen einer gesunden neuen Generation fördern!

Kontakt:
Gesellschaft für ganzheitliches Lernen e.V.
Frau Dr. Charmaine Liebertz

Zülpicher Platz 18
50674 Köln
Deutschland

Tel.: 02 21/9 23 31 03
Fax: 02 21/9 23 31 99
E-Mail: c.liebertz@ ganzheitlichlernen.de

www.ganzheitlichlernen.de

BurckhardtHaus-Laetare
Aus der Praxis – für die Praxis

**CHARMAINE LIEBERTZ
BEI BURCKHARDTHAUS-LAETARE**

Lernen besteht für sie nicht nur aus einer Anhäufung von Fakten, sondern muss im Einklang von Körper, Herz, Geist und Humor geschehen.

SPIELE ZUM GANZHEITLICHEN LERNEN

BEWEGUNG, WAHRNEHMUNG, KONZENTRATION, ENTSPANNUNG, RHYTMIK

Charmaine Liebertz
Broschur, 96 S.
4-fbg. Abb. und Illustr.
11,95 € [D]/12,30 € [A]
ISBN 978-3-944548-16-6

SPIEL IST MEHR ALS SPASS

SPIELE UND METHODEN FÜR DIE GRUPPENARBEIT

Heike Baum
Broschur, 144 S.
4-fbg. Abb. und Illustr.
14,95 € [D]/15,40 € [A]
ISBN 978-3-944548-18-0

SPIELE ZUR HERZENSBILDUNG

EMOTIONALE INTELLIGENZ UND SOZIALES LERNEN

Charmaine Liebertz
Broschur, 80 S.
4-fbg. Abb. und Illustr.
11,95 € [D]/12,30 € [A]
ISBN 978-3-944548-17-3

DER SITUATIONS-ORIENTIERTE ANSATZ - AUF EINEN BLICK.

KONKRETE PRAXISHINWEISE ZUR UMSETZUNG

Armin Krenz
Broschur, 96 Seite
4-fbg. Abb. und Illustr.
9,90 € [D]/10,20 € [A]
ISBN 978-3-944548-04-3

MOTIVATION UND ERFOLG

STRATEGIEN UND SELF-COACHING FÜR ERZIEHERINNEN

Ulrich Pommerenke
Klappenbroschur 192 S.
4-fbg. Abb. und Illustr.
19,90 € [D]/20,50 € [A]
ISBN 978-3-944548-05-0

Mehr unter www.burckhardthaus-laetare.de

BURCKHARDTHAUS-LAETARE
Aus der Praxis – für die Praxis

GEFÜHL BIS IN DIE FINGERSPITZEN

KÖRPERERFAHRUNG IN KINDERGRUPPEN

Dr. Gabriela Falkenberg-Gurges
Broschur, 96 Seiten
4-fbg. Abb. und Illustr.
9,90 € [D]/10,20 € [A]
ISBN 978-3-944548-10-4

LAUFEN, TOBEN, SPRINGEN... LOBEN

BEWEGUNGSSPIELE IN KINDERGRUPPEN

Regina Grabbet
Broschur, 96 Seiten
4-fbg. Abb. und Illustr.
9,90 € [D]/10,20 € [A]
ISBN 978-3-944548-11-1

BEI UNS SPIELT DIE MUSIK

KLANGSPIELE UND SPIELLIEDER
Eckart Bücken

Broschur, 96 Seiten
4-fbg. Abb. und Illustr.
9,90 € [D]/10,20 € [A]
ISBN 978-3-944548-14-2

FRÜHLING, SOMMER UND VIEL MEHR

DIE JAHRESZEITEN MIT KINDERN ERLEBEN

Maja Hasenbeck
Broschur, 96 Seiten
4-fbg. Abb. und Illustr.
9,90 € [D]/10,20 € [A]
ISBN 978-3-944548-13-5

AUCH KLEINE LEUTE HABEN'S SCHWER

ÄNGSTE UND FREMDHEIT ÜBERWINDEN

Hajo Bücken
Broschur, 96 Seiten
4-fbg. Abb. und Illustr.
9,90 € [D]/10,20 € [A]
ISBN 978-3-944548-12-8

FESTE FÜR DAS KINDERJAHR

MIT KINDERN FESTE VORBEREITEN UND FEIERN

Eckart Bücken
Broschur, 96 Seiten
4-fbg. Abb. und Illustr.
9,90 € [D]/10,20 € [A]
ISBN 978-3-944548-15-9

BurckhardtHaus-Laetare
Aus der Praxis – für die Praxis

GRUNDLAGEN DER ELEMENTARPÄDAGOGIK

Unverzichtbare Eckwerte für eine professionelle Frühpädagogik

Armin Krenz
Klappenbroschur 192 S.
4-fbg. Abb. und Illustr.
19,90 € [D]/20,50 € [A]
ISBN 978-3-944548-03-6

ENTWICKLUNGSORIENTIERTE ELEMENTARPÄDAGOGIK

Kinder sehen, verstehen und entwicklungsunterstützend handeln

Armin Krenz
Klappenbroschur 192 S.
4-fbg. Abb. und Illustr.
19,90 € [D]/20,50 € [A]
ISBN 978-3-944548-02-9

ELEMENTARPÄDAGOGIK AKTUELL

Die Entwicklung des Kindes professionell begleiten

Armin Krenz
Klappenbroschur 192 S.
4-fbg. Abb. und Illustr.
19,90 € [D]/20,50 € [A]
ISBN 978-3-944548-01-2

ELEMENTARPÄDAGOGIK UND PROFESSIONALITÄT

Lebens- und Konfliktraum Kindergarten

Armin Krenz
Klappenbroschur 192 S.
4-fbg. Abb. und Illustr.
19,90 € [D]/20,50 € [A]
ISBN 978-3-944548-00-5

DAS KIRCHENJAHR MIT KINDERN FEIERN

Ein Vorlesebuch mit lustigen Geschichten, Backrezepten und Spielen

Thomas Reuter
Broschur, 96 Seiten
4-fbg. Abb. und Illustr.
9,90 € [D]/10,20 € [A]
ISBN 978-3-944548-90-6

EIN NEUER TAG IST DA …

Kindergebete

Detlev Block/Karen Block
Broschur, 96 Seiten
4-fbg. Abb. und Illustr.
9,90 € [D]/10,20 € [A]
ISBN 978-3-944548-91-3

Mehr unter www.burckhardthaus-laetare.de